대중의 시대
보통의 건축

대중의 시대 보통의 건축

부르주아를
탄생시킨
8가지 건축

서윤영 지음

궁리
KungRee

저자의 말

시각정보가 넘쳐나는 세상에서 살고 있다. SNS든 인스타그램이든 누군가가 새로운 사진을 등록하기만 하면 곧바로 그것은 내 스마트폰으로 전달된다. 뿐만 아니라 아침 9시경이 되면 구글포토에서는 작년 혹은 재작년 이맘때 내가 찍어두었던 사진을 편집해 다시 보여주기도 한다. 그렇게 하루에도 몇 번씩 보게 되는 사진이란 대개 사소한 일상의 모습들이다. 소문을 듣고 방문한 맛집, 그곳에서 차려 나오는 예쁜 식사를 먹기 직전에 찍은 모습, 카페에서의 커피 한잔, 극장에서 한 컷, 때로 해외여행 중의 모습이나 멋진 호텔방의 모습을 찍어 올리기도 한다. 사진은 이제 테이크아웃 컵에 담긴 커피 한잔처럼 쉽게 생산되고 쉽게 소비된다. 물론 사진에 담긴 생활과 문화도 쉽게 소비된다.

맛집이라 불리는 식당은 밥 먹을 곳이 없어서 간 것이 아니라 무언가 새로운 것을 먹기 위해 찾아간 거였다. 집에 커피가 없는 것은 아니지만 좀 더 근사하고 분위기 있는 커피를 마시기 위해, 때로는 혼자 조용히 있고 싶은 장소가 필요해서 찾아간 곳이 카페였다. 휴가를 맞아 해외여행을 가기도 하지만 그렇지 못할 때 잠시 기분전환을 위해서 하루를 묵는 호텔, 잠잘 곳이 없어서가 아닌 호캉스(호텔에서의 바캉스)를 위해 찾아간 호텔, 그리고 극장 등 지금 우리가 매우 일상적으로 접하는 곳은 불과 100~200년 전만 해도 일상이 아니었다. 최소한 중산층 이상은 되어야 향유할 수 있는 문화였다. 레스토랑, 호텔, 극장, 대학, 은행, 카페 등 본래는 귀족들이 누리던 문화를 현재 어떻게 대중들이 누릴 수 있게 되었는가, 이 모든 것들의 기원은 무엇인가를 밝혀보는 것이 이 책의 목적이다. 아울러 이 책은 약 10년 전에 출간되었던 『건축, 권력과 욕망을 말하다』의 후속편 같은 성격도 띤다.

2009년에 나왔던 『건축, 권력과 욕망을 말하다』는 권력관계에 따른 불평등하고도 비대칭적 시각이 건축적으로 어떻게 재현되는가를 보여준 책이다. 현대사회는 권력을 가진 자가 그렇지 못한 자를 몰래 감시하는 감시사회여서 권력에 따른 시각의 비대칭성이 형성되는데, 이때 무엇을 숨기고 무엇을 보여줄 것인가, 무엇을 감시하고 또한 은폐할 것인가에 대한 문제가 공간적으로 어떻게 재구성되었는가를 보여주는 것이 목적이었다. 그러다보니 감옥, 병원, 학교, 동물원을 비롯하여 백화점, 엑스포, 도서관, 박물관에 대한 이야기가 많이 나왔고 전반적으로 주제는 무겁고 어두웠다. 그

책 덕분에 더러 강연을 다니다보면 열심히 이야기를 했는데도 어쩐지 분위기는 싸해지곤 했다. 그리고 침묵 뒤에 질문이 나왔다. 모든 건축이 그 한 가지 원리로만 계획되는가? 감시와 과시가 아닌 다른 원리로 계획된 건축은 없는가? 물론 대답은 "아니다"였다. 바로 그 다른 원리로 계획된 건축의 이야기를 하고 싶었다.

책을 쓰는 직업을 갖기 시작한 지 어느덧 15년이 넘어간다. 아무리 생각해도 이 일을 하게 된 것은, 이것이 나의 직업이 된 것은 행운이라 생각하고 있다. 한 손에는 카메라를, 또 한 손에는 펜을 쥐고 일을 하는데 카메라는 눈앞에 보이는 이미지를, 시간이 지나고 나면 영원히 사라져버리는 그 이미지를 포착하는 도구이다. 또한 펜은 섬광처럼 불현듯 떠올랐다가 사라지는 생각을 포착하는 도구이다. 부르주아와 젠트리는 17~19세기에 등장했다가 사라져버린 계층이다. 이 책은 그들을 포착한 책이다.

10년이면 강산도 변한다는데 이제 그 강산이 두 번 바뀌려고 하고 있다. 출판환경도 변하고 시장도 변한 느낌이다. 그러나 그 변화의 시간 동안 한결같이 이 일을 할 수 있게 해주는 출판사 식구들과 나의 가족에게 감사의 마음을 전한다. 아울러 시각 이미지가 넘쳐나는 이 세상에서 여전히 활자로 된 이 책을 집어든 독자에게도 고마움을 전한다.

차례

| 저자의 말 | ··5

| 프롤로그 | 대중의 시대를 열어젖힌 건축들 ··11

1 · 부르주아와 젠트리의 등장

| 아파르트멍과 타운하우스 | ··25

2 · 우아한 팔라초에서 금융업은 시작되었다

| 은행 | ··51

3 · 왕과 귀족 문화를 성토하며 대중이 모인 곳

| 클럽과 커피하우스 | ··79

4 · 어떻게 먹느냐가 계급을 알려주는 시대

| 레스토랑과 패스트푸드 | ··111

5 · 인간의 희로애락을 가장 화려하게 표현하다
| 극장 | ·· 139

6 · 학문의 자율성과 다양성을 모색하던 공간
| 대학 | ·· 177

7 · 도시의 풍경과 사람들의 생활패턴을 바꾸다
| 철도 | ·· 207

8 · 인간의 죽음을 기억하고 상기시키는 장치
| 국립묘지 | ·· 237

| **맺는말** | ··263

| **참고문헌** | ··267

| **사진자료출처** | ··273

대중의 시대를 열어젖힌 건축들

"우리 집안은 ○○김씨 ○○파로서 몇 대조 할아버지께서는 숙종 임금 때 병조판서를 지내셨고, 또 몇 대조 할아버지께서는 정조 임금 때 사간원에서 일하셨습니다. 그리고 증조부의 누님이신, 그러니까 제게는 대왕고모님이 되는 분은 ○○박씨가로 시집을 가셨는데 그 시누이 되는 분이 고종 황제의 아드님이신 ○○군에게 출가하셨습니다."

불과 100년 전만 해도 자기소개를 흔히 이런 식으로 했겠지만, 요즘은 입시나 취업을 위한 자기소개서를 쓸 때 아무도 이런 이야기를 적지 않는다. 오히려 "평범한 회사원인 아버지와 가정주부인 어머니 사이에서 1남 1녀 중 장녀로 태어나 평범하고 화목한 어린 시절을 보냈습니다"라며 평범함을 강조한다. 뿐만 아니라 대통령

선거의 후보자에서부터 구 의회, 지방 시 의회의 출마자까지 모두 자신이 어린 시절에 얼마나 평범하고 서민적인 가정에서 자랐는지를 구구절절 설명한다. 아울러 당선 후에도 전통시장에서 장을 보며 노점에서 붕어빵과 어묵을 사먹는 등 끊임없이 평범하고도 서민적인 행보를 강조한다. 실제로 그들이 전통시장과 노점을 평소에도 이용하는지는 의문이지만, 이러한 모습을 연출하는 이유는 현대가 평범함을 강조하는 대중의 시대라는 방증이다.

나는 평범한 대중

/

현대사회에서는 자신이 조선시대에 족보가 있는 양반가문이었음을, 중세시대에 작위가 있는 귀족이었음을 말하지 않으며, 또한 부르주아라고 말하지 않는다. 대통령부터 서민층까지 전 국민이 오로지 나는 평범한 대중이라고 말하고 있다. 뿐만 아니라 문화적 취향도 대중적으로 바뀌었다. 30~40년 전만 해도 양갓집 규수는 맞선 자리에 나가 "취미가 무엇이냐"는 남성의 물음에 음악감상이라고 답하면서 즐겨 듣는 곡은 베토벤 교향곡 몇 번 몇 악장, 바이올린 협주곡 몇 번 몇 악장이라는 레퍼토리를 읊어대곤 했다. 하지만 그때보다 오디오와 음향장비가 훨씬 좋아진 요즘은 누구나 K-pop에 열광한다. 한국의 팝송이라는 뜻의 K-pop, 여기서 팝송

(pop song)은 파퓰러 송(popular song) 즉 대중가요라는 말이다. 바로 이 파퓰러, 대중은 20세기 미국에서 탄생했다.

귀족이나 부유층이 아닌 평범한 이들, 노동자, 직장인, 자영업자 등은 우리 주변에서 흔히 찾아볼 수 있는 대중이다. 200~300년 전이었다면 분명 농촌에서 농사를 짓고 있었을 대다수 이들은 19세기 산업혁명으로 공장이 생기면서 도시로 들어와 노동자와 직장인이 되었다. 국민의 90%가 농민이던 사회를 이제 전체 인구 중에서 농민이 차지하는 비율이 10%가 정도가 될까 말까 한 시대로 만든 것은 19세기에 일어난 산업혁명이었다. 이는 주전자의 물이 끓는 과정을 지켜본 어느 한 사람의 천재적인 아이디어에서 나온 우발적 사건이 아니라 오랜 시간에 걸쳐 일어난 점진적인 일이자 약 2~3가지의 동인이 복합된 필연적 사건이었다.

첫째로 17세기가 되면 영국의 농업사회에 변화의 바람이 불면서, 간단한 수준의 기계가 도입되어 경영방식이 변화하고 자본주의적 농업경영이 시작된다. 또한 식량이 아닌 상업용 작물을 키우는 상업농업도 등장했다. 이 현상이 인클로저 운동으로 본래 농민들이 농사를 짓던 땅에 농민을 몰아내고 양모를 얻기 위한 양을 키우게 된 것이다. 둘째로 식민지인 인도에서 값싸고 질 좋은 목면이 대량생산되면서 양모와 목면이 쌓여갔다. 셋째로 기계의 도입과 인클로저 운동으로 일자리를 잃은 농민들이 농촌을 떠나 도시로 몰려들면서 노동력도 풍부해졌다. 산업혁명은 이러한 요인들이 맞아떨어져 발생한 일이었다. 혁명 초기의 기계들이 주로 실을 잣는 방적기, 베를 짜는 방직기인 것도 이 때문이다. 농민이 올라와 도시의 직공이 되면서 노동자 대중이라는 새로운 계층이 발생했고, 이들은 19세기 말에서 20세기 초 새로운 핵심소비계층으로 등장한다. 농업과 비교해 직공은 시간제 고용과 월급(혹은 주급) 단위의 급여라는 두 가지 특징을 가지고 있었기 때문이다.

퇴근 후 극장에 가서 영화를 보든, 주말에 경기장에 가서 야구경기를 보든, 여름휴가에 맞추어 해외여행을 가든, 문화를 소비하기 위해서는 시간과 돈이 필요하다. 출퇴근 시간이 불분명한 농민과 달리 노동자는 시간이 있었다. 출퇴근 시간이 명시된 고용노동의 특성상 모든 노동자의 일상은 근무 시간과 근무 외 시간으로 정확히 나뉘며, 근무 외 시간인 여가 시간이 생긴다. 또한 일주일 혹은 월 단위로 지급되는 급여로 인해 매일 조금씩 쓸 수 있는 돈도 생겼다. 넉넉하지는 않지만 매일 조금씩 쓸 수 있는 돈과 시간을 모두 가진 노동자는 '도심 직장인'이라는 이름으로 새롭게 부상하게 된다.

이들은 과거 젠트리나 부르주아가 향유하던 문화를 새롭게 누리기 시작했는데 그 과정에서 귀족과 중산층 문화는 변형을 거쳐 대중문화가 되었다. 이탈리아에서 발달해 프랑스 귀족들의 전유물이었던 오페라는 뮤지컬과 영화라는 강력한 대중문화로 변형되었고, 영국 귀족들의 전유물이던 그랜드 투어는 중·고등학교의 수

학여행, 직장인의 해외여행과 단체관광여행으로 대중화되었다. 이 평범한 일상이 가능하게 된 것이 산업혁명인데, 산업혁명이 일어나기 전까지의 사회배경과 그 변화의 주역이었던 부르주아와 젠트리에 대해 살펴본다는 것은 의미 있는 일일 것이다.

오늘날의 모습을 결정지은
젠트리와 부르주아

/

1장에서는 영국의 젠트리와 프랑스의 부르주아는 누구인가를 살펴본다. 지금도 자주 쓰이는 젠틀맨, 젠트리피케이션의 어원인 젠트리는 17세기 영국에 등장한 부유한 농민이었다. 이들은 런던으로 진출해 전문직에 종사하는 도심 중산층이 되었고 이들이 살던 런던의 타운하우스는 지금 우리나라에도 더러 지어지고 있다. 고만고만한 빌라와 판에 박힌 듯이 똑같은 아파트에 식상하고, 그렇다고 단독주택을 짓자니 부담스러운 사람들의 새로운 대안으로서 전원에 타운하우스가 지어지고 있다.

물론 런던의 타운하우스와 현재 서울 근교에 지어지고 있는 타운하우스가 동일하다고 보기는 힘들다. 타운하우스의 특징은 1층부터 다락까지 모든 층을 한 세대가 사용한다는 점인데, 한국에서 이런 형태는 전혀 없는 것은 아니지만 드문 편이다. 실제로 주택

내에서 1층부터 4층까지 계단이 있으면 내부 동선이 너무 길어서 불편하다. 대신 4층 정도로 지어져 1~2층을 한 세대가 사용하고, 3~4층을 한 세대가 사용하는 경우가 더 많아지면서 '전원에 지어지는 복층의 고급 빌라'라는 의미로 굳어지고 있다. 또한 타운하우스는 도심주택이라는 이름처럼 본디 런던 시내에 지어지는 집이었지만 우리나라의 타운하우스는 수도권을 비롯한 전원에 지어진다는 점에서 아이러니하다. 그렇지만 '타운하우스'라는 명칭이 젠트리의 주거에서 유래한다는 것만은 명백한 사실이다.

한편 부르주아의 본래 뜻은 프랑스의 도심 상공인이고 이들이 살던 집이 아파르트멍(appartement)이었다. 이는 귀족의 오텔(hôtel) 중 기능별로 분리된 '일부분'을 뜻하는 말이었으며, 귀족계급이 몰락하고 신흥중산층이 등장하면서 이들에게 아파르트멍별로 임대되기 시작한 것이다. 지금도 파리 시내에는 아파르트멍들이 즐비하고 또 우리나라의 대도시에도 아파트가 즐비하지만 아파르트멍과 아파트 사이에는 많은 차이점이 있다. 본디 한 채의 오텔을 '파트(part)별로 임대를 준다'라는 의미가 강하기 때문에 프랑스에서 아파르트멍은 임대주택이다. 1층에 카페나 식당이 있고 2~4층에 각 세대가 살고, 지붕 밑에는 원룸을 넣어 임대를 주는 것이 우리의 상가주택과 비슷하다. 하지만 우리나라의 아파트는 20~30층의 고층에 각 세대별로 모두 개인 소유라는 점에서 프랑스의 아파르트멍과는 다르다. 그러나 '아파트'라는 명칭은 파리의 부르주아들이 살던 아파르트멍에서 유래하며 지금 우리나라에서도 도시의 부르주아들 즉 도심상공인이자 자영업자인 이들이 아파트에 살고 있다.

2장에서는 은행에 대해 살펴보았다. 르네상스시대 거상가문에서 시작된 대부업은 영국 명예혁명 시기에 화폐발행권을 독점하는 국책은행으로 거듭났다. 이 과정에서 젠트리의 활약이 있었다. 프랑스 대혁명보다 140년 앞서 국왕 찰스 1세를 처형시킨 올리버 크롬웰이 젠트리 출신이었고, 이들로 구성된 휘그당이 영국의 국채를 인수하는 조건으로 화폐발행의 독점권을 행사했으니 최초의 국책은행의 탄생에는 젠트리 계층이 큰 몫을 했다. 은행건물의 유형도 이 시기에 확정되었다. 고객의 돈을 관리하는 곳이기 때문에 신뢰감을 주어야 하는데 그러자면 혁신적이기보다는 고전적이어야 한다. 영국은행은 이탈리아 거상들의 주택이었던 팔라초에 그리스식 리바이벌 양식을 가미해 만들어졌고 이는 한동안 은행건물의 전형으로 자리잡아 20세기 초반 우리나라에 조선은행이 세워질 때도 같은 유형으로 지어지게 된다. 한편 진보적인 젠트리들로 구성된 휘그당, 왕권을 지지하는 보수세력으로 구성된 토리당은 의회정치를 이끌어냈으며 지금도 TV를 비롯한 각종 매체에서는 진보정당과 보수정당의 공방전을 쉽게 볼 수 있다. 정치와 경제의 양대축을 이루는 국책은행과 의회정치는 영국 젠트리들에 의해 성립되었다.

3장에서 다룬 클럽과 카페도 젠트리와 부르주아의 문화이다. 프랑스의 절대왕정시대에 궁정문화를 모방한 살롱문화가 귀족계층에서 유행했는데, 여기에 영향을 받아 생겨난 것이 영국의 클럽과 프랑스의 카페이다. 집에 살롱을 마련하기가 어려운 젠트리와 부르주아는 외부에 마련된 클럽과 카페에서 신문을 읽고 여론을 형성하는 소통문화를 갖고 있었다. 당시의 신문은 몹시 비싸서 개인이 구독하기가 어려웠기 때문에 사람들은 신문을 읽기 위해서라도 커피하우스나 카페에 가곤 했다. 그리고 지금 영국식 클럽을 그대로 가상공간으로 옮겨놓은 듯한, 그래서 이름마저도 ○○클럽이라 불리는 각종 인터넷 커뮤니티들이 생겼다. 이제 번화가는 물론 주택가 골목길에까지 생긴 카페에 앉아 스마트폰이나 태블릿 PC로 신문을 보면서 자신의 취향과 정치적 성향이 맞는 클럽에 가입하여 게시물을 읽고 댓글을 단다. 클럽과 카페는 21세기인 지금도 여전히 유효하다.

4장의 레스토랑 역시 본래 프랑스의 궁정요리문화가 부르주아에게 제공되면서 시작된 것이다. 여행 중 집이 아닌 외부에서 음식을 먹어야 하는 일은 많았겠지만, 중세시대 순례자를 위해 수도원에서 제공되던 식사는 단체급식과 비슷했다. 지금도 학교식당이나 기숙사, 군대, 직장 등의 단체급식은 먹는 사람의 취향이나 의지와는 상관없이 메뉴가 정해진다. 하지만 레스토랑의 특징은 먹고 싶은 요리를 주문하며 조리과정에서 고기를 얼마나 익힐 것인지, 샐러드와 드레싱은 어떻게 할 것인지, 무엇을 빼고 무엇을 더 첨가할 것인지 철저히 개인의 의사에 따라 정해진다. 음식의 맛에 집중하는 미식문화가 중산층에게까지 확대된 데는 레스토랑의 등장이 있었다. 프랑스의 레스토랑이 우리나라에 상륙하여 여전히 정통 프랑스 요리를 제공하기도 하지만, 이제 더 많은 식당들이 있다. 단순히 레스토랑이 들어온 것이 아닌 미식문화의 이식이라 할 수 있는데, 맛있는 집을 찾아가서 먹어보는 문화 이른바 맛집탐방은 이제 우리의 일상을 지배한다.

5장의 극장 역시 마찬가지이다. 오페라가 고급예술로 발달하기 시작한 것은 16~17세기 프랑스로서, 박스석의 소유 여부는 현재의 골프장 회원권이나 비행기 1등석 티켓과도 같이 귀족의 정체성을 결정짓는 중요한 수단이었다. 하지만 18세기부터 부르주아도 박스석을 소유하기 시작했고, 오페라는 점차 대중화되면서 '오페레타'가 유행했다. 이는 오페라보다 좀더 가볍고 대중적인 희가극인데 20세기 초 미국에서 뮤지컬로 재탄생한다. 이렇게 되자 오페라는 오히려 클래식해졌다. 기존의 것에서 무언가 새롭고 대중적인 것이 파생되면 기존의 것은 대중적 지지기반은 줄어들어도 더욱 클래식화되면서 고급예술이 되는 경향이 있다. 오페라는 18~19세기보다 더 클래식화되었고 예전 오페라의 역할은 현재 뮤지컬이 이어받았다. 아울러 20세기의 가장 강력한 대중문화인 영화가 탄생했는데, 영화관 역시 미래에는 지금보다 클래식이 될 가능성이 있다. 인터넷의 발달로 집에서 영화를 보는 사람이 많아지면서 영화관은 살아남기 위한 자구책을 마련하는 곳이 생겼다. 일부이기는 하지만 박스석이나 훨씬 넓고 편안한 좌석의 가족석이 생기고 있으며, 영화관람 도중에서 도우미를 불러 음식과 음료를 주문할 수 있는 서비스를 제공하는 곳도 있는데, 이는 17세기 오페라극장의 박스석에서나 가능하던 서비스였다.

6장 대학의 발달과정도 그러하다. 본래는 중세의 신학대학에서 출발한 엘리트교육이 목적이어서 신학, 법학, 의학 정도만 가르쳤고 극히 일부의 소수들만이 대학에 갔다. 하지만 엘리트교육을 혁파하고 실용교육 위주의 기술학교를 설립한 것이 프랑스 대혁명을 일으킨 부르주아들이었다. 교육의 평등화와 민주화를 위해 18세기말 프랑스에서는 아예 대학을 폐쇄하고 전문학교와 기술학교를 개교했다. 물론 그 이후 유서 깊은 몇몇 대학들이 다시 개교를 하였지만 자연과학, 공학, 기술, 예술 등 기존의 대학에서는 다루지 않던 과목을 가르치기 시작한 것은 프랑스가 처음이다. 현재 우리나라 고교 졸업생의 70~80%가 대학에 진학하고 있으며 전공과목 역시 기존의 법학, 의학, 철학은 물론 공학과 자연과학, 예체능을 비롯하여 조리, 제빵 제과, 미용, 패션, 마케팅 등 취업 위주의 실용교육을 담당하고 있다. 소수의 엘리트교육이 실용목적의 대중교육이 되기까지 프랑스 부르주아의 역할이 지대했다.

7장에서 다룬 철도와 자동차의 보급에 따른 교외의 탄생 역시 마찬가지이다. 우리도 조선시대에 사대문안에 사는 사람을 일러 '문안 사람'이라 했듯 각종 도시 인프라가 집중되어 문화적 혜택을 누릴 수 있는 도시에 사는 것이 중요했다. 시골을 일러 '촌스럽다, 촌뜨기'라고 말하는 것은 유럽에서도 마찬가지였다. 하지만 교외를 중산층 거주지로 바꾸어놓은 것은 산업혁명과 맞물린 철도의 발달이었다. 도심지에 공장이 들어서자 시내는 점차 주거환경이 나빠지고 오히려 교외가 각광을 받기 시작했는데, 초기에는 열차의 정기권을 구매할 수 있는 부유층만 교외에 살 수 있었고 이는 교외거주의 순일성을 보장해주었다. 하지만 20세기 미국에서 자동차가 보급되면서 교외주거단지가 대중화되기 시작했다. 마당이 딸린 단독주택의 소유가 노동자와 직장인에게까지 가능해진 것이다. 이것이 우리나라에 건너와 서울을 비롯한 대도시 근교에 지어지는 신도시들로 거듭나게 된다. 신도시에 집을 마련해놓고 도심으로 출퇴근을 하는 삶의 시작이었다. 성냥갑 같은 집, 회색빛 콘크리트 박스 속에 갇힌 획일적 삶이라고 말을 하지만, 그러나 전 국민의 60~70%가 아파트 단지에 살고 있는 현실을 생각해볼 때 신도시의 아파트 단지는 주거의 평등화를 이룩했다.

8장에서 다룬 국립묘지는 민중의 죽음을 기억하기 위한 장소였다. 고인돌과 피라미드를 보아서도 알 수 있듯이 건축의 시원은 죽음을 기억하기 위한 것이었다. 이때 기억되는 죽음은 우리의 종묘가 그러했던 것처럼 왕의 죽음이었다. 하지만 민중의 죽음을 기억하기 시작한 것은 프랑스의 판테온이었다. 그전까지 민중의 죽음은 기억의 대상이 아니었지만, 프랑스 대혁명 당시 사망한 이들을 기리기 위한 판테온이 세워졌고 이후 미국에서 전사한 무명용사들을 기리기 위한 알링턴 국립묘지가 탄생했다. 그리하여 현재 우리나라에도 서울과 대전에 국립현충원이 세워져, 5년마다 새 대통령이 취임할 때면 오전에 취임식을 마친 뒤 가장 먼저 찾는 장소가 되었다.

아파트, 타운하우스, 은행, 클럽, 카페, 레스토랑, 극장, 대학, 신도시, 국립묘지 등 지금 우리 주변의 모습을 결정짓는 것은 17세기 젠트리와 부르주아의 등장에 따른 기존 귀족문화의 변형이었다는 점에서 의의가 있다. 부르주아와 젠트리는 하루 아침에 생겨난 것이 아니고 르네상스 시기인 15세기부터 시작된 사회변화의 결과였다. 중세사회가 근대사회로 되기까지 프랑스와 영국에서는 200~300년에 걸친 점진적 변화가 있었고 또한 그 과정은 자율적이고 자생적인 과정이었다. 하지만 우리나라는 이 모든 과정이 빠르고 압축적으로 진행되었으며 또한 자율이 아닌 외세에 의해 타율적으로 진행되었다는 점에서 아쉬움이 있다.

일본은 1868년에 메이지 유신을 단행하면서 빠르게 근대화를 추진했다. 특히 18세기에 통일국가가 완성되어 황제의 강력한 권한으로 근대화를 추진하며 급격히 강성대국으로 성장한 독일의 예를 많이 모방했다. 그 과정에서 일본의 근대화는 왕의 권한으로 성급하게 진행되었으며, 식민지배과정에서 우리나라에 그대로 이식되었다. 대학, 은행, 백화점, 기차역, 호텔 등 유럽에서는 부르주아와 젠트리들이 이룩해놓은 것이 일제 강점기 급히 우리나라에 들어왔다. 해방 후 박정희 대통령 시절에는 조국 근대화라는 이름으로 근대화가 또 한 번 급히 진행되면서 아파트, 국립극장, 박물관 등이 들어섰다. 우리나라는 근현대화를 외세에 의해 압축적으로 진행하느라 그 변화를 일으킨 주역이었던 젠트리와 부르주아에 대한 이해가 부족했다. 오늘날 우리의 모습을 결정지은 주역이라 할 수 있는 젠트리와 부르주아에 대해 살펴본다는 것은 매우 의미있는 일이라 할 것이다.

1

부르주아와 젠트리의 등장

아파르트멍과 타운하우스

어느 날 런던에서 신사 한 명이 시골 대장간으로 찾아와 도제로 일하고 있던 소년을 불러 말했다.

"핍 군, 이름을 밝히기 꺼려하는 어느 신사분께서 자네에게 막대한 재산을 상속해주기로 약속하셨네. 그러기 위해 자네는 이런 시골생활을 청산하고 런던으로 와서 신사교육을 받아야 하네. 막대한 재산을 상속받을 청년에게 걸맞는 신사교육을 받는 것이 그분의 바람이기 때문이야. 물론 자네에게는 상속받을 재산만 주어지는 게 아니지. 내 손에는 자네가 신사로서 적합한 교육을 받고 품위를 유지하는 데 필요한 돈이 충분히 있어. 그러니 날 후견인이라고 생각하고 일주일 이내로 곧 런던에 있는 내 사무실로 찾아오게."

찰스 디킨스의 『위대한 유산』 중 일부이다. 익명의 신사가 가난한 시골소년에게 위대한 유산(Great Expectations) 즉 막대한 상속재산을 물려주기로 약속하는 장면인데 여기에는 단서가 하나 달려 있다. 신사가 되어야 한다는 점이다. 그러기 위해 런던으로 올라와 제대로 된 신사교육을 받아야 하며 품위를 유지하는 데 필요한 충분한 돈도 있어야 한다. 그렇다면 익명의 신사는 왜 가난한 시골소년을 신사로 만들려고 하는 것일까. 여기서 말하는 신사란 대체 무엇이었을까. 지금도 영국을 일러 신사의 나라라고 하는데 19세기 영국사회에서 신사가 갖는 의미는 과연 무엇이었을까.

젠틀맨의 나라, 영국

/

현재 젠틀맨은 신사(紳士)라고 번역하는데 여기서 신(紳)은 옷에 드리우는 큰 띠를 말하며 주로 높은 신분의 옷차림에서 이런 띠를 드리운다. 따라서 신사란 하나의 계층 혹은 계급을 이르는 말인데, 요즘은 "그는 아주 신사적이어서 예의가 바르고 매너가 좋다" 등과 같이 계층보다는 주로 행동이나 규범에 관련된 말로 자주 쓰인다. 젠틀맨이란 젠트리(Gentry) 계층의 남성을 지칭하는 말인데, 젠트리란 영국 농촌의 대지주를 이르는 말이었다. 한편 부르주아란 말은 가끔 부정적으로 쓰이기도 했다. 프롤레타리아와 대척점에 선 부유층이자, 노동자를 착취하며 불로소득으로 살아가는 사람이라는 의미가 강하지만, 부르주아의 본래 뜻은 성안에 사는 사람 즉 도시민이다.

부르주아와 젠트리는 17~18세기 영국과 프랑스에서 새롭게 등장한 하나의 사회계층을 이르는 말일 뿐, 그 자체로서 부정적이거

입헌군주제, 의회정치, 대통령제, 산업사회 이 모든 것은 전근대사회에는 없었던 현대사회만의 특징이며, 그 혁명의 주역이었던 젠트리와 부르주아를 먼저 이해하는 것이 현대사회를 이해하는 데 도움이 될 것이다. 토마스 게인즈버러가 그린 <앤드루스 부부>. 이 부부는 결혼을 기념하며, 그들의 영지가 넓게 펼쳐진 야외에서 포즈를 취했다.

나 긍정적인 의미는 없다. 오히려 군주의 힘을 약화시키고 의회정치를 이끌어낸 영국의 명예혁명(1688년), 왕정을 종식시킨 프랑스 대혁명(1789년), 산업사회의 도래가 시작된 산업혁명(19세기 중반)을 이끈 주역들로 이해하는 것이 정확하다. 입헌군주제, 의회정치, 대통령제, 산업사회, 이 모든 것은 전근대사회에는 없었던 현대사회만의 특징이며, 그 혁명의 주역이었던 젠트리와 부르주아를 먼저 이해하는 것이 현대사회를 이해하는 데 도움이 될 것이다. 그렇다면 지금도 우리가 "신사 숙녀 여러분"이라고 지칭하는 신사, 젠트리는 누구였는가.

젠트리(Gentry)란 17세기 영국에 등장한 농촌의 대지주이자 일종의 신흥 중산층이었다. 영국의 계급구조는 최상위층에 왕과 귀족(공작, 후작, 백작, 자작, 남작의 5등급으로 구성)이 있고 중간계급으로서 기사와 성직자가 있으며, 그 아래에 소수의 상공인과 전 국민의 대다수를 차지하는 농민이 있었다. 그런데 16~17세기가 되면 농민 중에서 계층분화가 발생하여 부를 축적한 부농계층이 등장한다. 이즈음 인클로저 운동이라 하여 농지로 사용되던 땅에 농민을 몰아내고 대신 양모를 얻기 위해 양을 키우기 시작하는 일이 발생했다. 자급을 위한 식량생산이 아닌, 상업농업인 양을 키우면서 일부 농민은 부를 축적하기 시작했다. 그리고 축적된 자본으로 농지를 대거 매입하여 대단위 영농을 하는 기업형 농업도 발생했는데 이들의 재산규모는 상당했다.

중세 귀족은 왕으로부터 방대한 영지를 받아 생활하였기 때문에 광활한 영지는 귀족의 특징인데, 그중 하위 귀족에 속하는 남작 혹은 준남작의 평균 재산규모가 토지 1만 에이커 정도였다. 그런데 젠트리들의 토지가 많게는 3,000에이커에서 작게는 1,000에이커에 이르기도 했다. 이렇게 되면 젠트리 중에서도 다시 한번 계층분화가 일어나 3,000에이커 이상의 토지를 가진 자영농을 젠트리, 1,000에이커 정도의 토지를 가진 자영농을 요맨리(Yeomanry)라 부르게 된다. 우리나라도 조선 후기 지방에 부농이 증가하면서 1년에 쌀을 만 석 정도 생산할 수 있는 만석꾼, 천 석을 생산할 수 있는 천석꾼이 등장한 것과 비슷한 현상이라 할 수 있다. 젠트리와 요맨리, 이들이 17세기 영국 농촌에 등장한 신흥계층이었다. 물론 소수의 부농이 증가할수록 기존의 농민들은 더욱 가난해졌고 심지어 본래는 귀족이었다가 토지를 잃고 소작농으로 전락하는 예도 있었다. 이 모습을 가장 선명히 그린 것이 토마스 하디의 『테스(Tess of the D'Urbervilles, 더버빌 가의 테스)』이다

테스의 집안은 본래 영국의 유서 깊은 귀족가문인 더버빌(D'Urbervilles)가였다. 하지만 이제는 몰락해 더버빌이라는 성도 더비필드(Durbeyfield)로 바뀌어버렸다. 더버빌(D'Urbervilles) 가문이 몰락해 더비필드(Durbeyfield)가 되었음을 첫머리에서 장황하게 설명하고 있는데 이 내용 자체가 상당히 함의적이다. 프랑스 이름에 드(de)가 붙거나, 독일어 이름에 폰(von)이 붙는다면 귀족가문

젠트리 중에서도 다시 한번 계층분화가 일어나 3,000에이커 이상의 토지를 가진 자영농을 젠트리, 1,000에이커 정도의 토지를 가진 자영농을 요맨리라 부르게 된다.

이라는 이야기는 들어보았을 것이다. 여기서 드(de)나 폰(von)은 소유격을 나타내는 영어의 오브(of)에 해당한다. 예를 들어 잔 다르크(Jeanne d'Arc)는 Jeanne de Arc, 즉 '아르크 가문의 잔'이라는 뜻이며 존 폰 노이만(John von Neumann)은 '노이만 가문의 존'이라는 뜻으로 귀족가문에서 이런 명칭을 사용한다. 그 유래는 중세 봉건제하에서 왕이 방대한 영지를 하사하면서 그 지역의 자치권을 인정했고, 그래서 이름 뒤에 지역명을 넣은 것이다. 이를테면 고려시대 우리나라도 왕이 방대한 영지를 하사하여 이씨에게는 전주군을 하사하고, 서씨에게는 이천군을, 그리고 박씨에게는 밀양군을 나누어주면서 전주 이씨, 이천 서씨, 밀양 박씨 등의 본관제가 성립하게 된 배경과 비슷하다. 따라서 이름에 드(de), 폰(von), 오브(of) 등이 붙는 것은 귀족이름의 특징으로 드 어버빌(de Urbervilles)의 축약형인 더버빌(D'Urbervilles)은 본디 프랑스에서 유래하는 유서 깊은 가문이다.

하지만 이제 몰락해버려 더버빌은 더비필드가 되었고, 테스는 물론 그의 아버지조차 자신이 귀족출신이라는 것을 알지 못한다. 다만 마을 목사가 유일하게 그를 "더버빌 경(Sir. D'Urbervilles)"이라 부르지만, 평생 남의 집 농사를 지어온 소작농에게 그 호칭은 어리둥절할 뿐이다. 오히려 그에게는 마을 부자인 더버빌 집안에 테스를 하녀로 보내는 것이 큰 관심사였다. 더버빌과 더비필드는 이름이 비슷하니 친척가문일 것이고 그러니 분명 하녀로 받아줄 것이라는 생각에서였다. 하지만 이 더버빌 가문은 족보를 위조해 사칭하고 있던 것에 불과했다. 본래는 장사꾼이었고 고리대금업으로 벼락부자가 되고 보니 이제 명예가 아쉬웠다. 그래서 그 지방의 정통 귀족인 더버빌가를 사칭해 귀족행세를 하고 있던 터였다. 족보를 위조한 가짜 귀족의 집에 진짜 귀족의 딸인 테스가 하녀로 들어가면서 이야기가 시작된다.

그 집 아들인 알렉 더버빌은 원작에서 젠틀맨 즉 신사라 표현되어 있지만, 행동은 그다지 신사적이지 않다. 그의 횡포를 견디지 못한 테스는 마침내 그 집을 나와 다른 농장으로 일을 하러 간다. 그런데 이 고용의 형태가 예전과는 달라진 양상을 보인다. 전통적인 봉건제하에서 소작농은 큰 이변이 없는 한 지주의 땅을 안정적으로 경작할 수 있었다. 대개 몇 십 년 혹은 아버지에 이어 아들까지 대를 이어 계속 경작하곤 했다. 하지만 농장이 대형화되고 기계가 일부 도입되면서 자본주의 영농방식이 등장한다. 일손을 줄이기 위해 기존의 소작농 제도를 해체하고 대신 1년 단위로 노동자를 고용하면서 소작농들은 안정적인 고용 대신 매년 새 농장을 찾아 다녀야 하는 일이 반복된다. 뿐만 아니라 농번기인 3월에서 10월까지만 고용을 하고, 일이 없는 겨울에는 고용을 하지 않았다. 그러니 8개월 동안 일한 급여를 가지고 12개월을 살아야 하는 것이다. 이는 기계화에 따른 인력감축과 일자리 축소, 비정규직의 양산과 시간제 고용에 따른 임금저하 등 현대 산업사회의 문제를 보는 것 같다. 『테스』에는 중세적 전통귀족의 몰락, 젠트리 계층의 성장과 대규모 자본주의식 농장경영 및 그에 따라 기존 소작농이 더욱 가난해지는 과정이 소상하게 그려져 있다.

컨트리하우스와 타운하우스

/

족보를 위조해 귀족행세를 하는 더버빌가는 농지 가운데 마련된 훌륭한 컨트리 하우스에서 살고 있었다. 영국 귀족은 전원귀족이라는 말도 있으며, 모든 영국인에게 집은 그의 성이라는 말을 들어보았을 것이다. 영국 귀족은 자신의 영지가 있는 농촌에서 생활하는 것이 원칙이었다. 왕으로부터 하사받은 영지는 카운티(county)라고 했으며, 영지 가운데 있었던 귀족의 집은 매너 하우스(manor house) 혹은 컨트리 하우스(country house, 장원주택 혹은 영지주택)라 하였다. 방대한 영지 내에 살면서 주인은 마치 성주와도 같은 권한을 행세했고, 그래서 컨트리하우스의 소유 여부는 귀족의 정체성을 결정짓는 중요한 수단이었다.

영지 가운데 마련된 집 안에 들어가면 1층에 넓은 홀이 있고 무기실(Battery), 예배실이 마련되어 있었는데 이는 중세시대 가장 중요한 방이었다. 귀족은 부와 특권이 보장되어 있는 만큼 의무도 많았는데, 만약 왕국이 외부의 침입을 받으면 몸소 무장을 하고 영지의 농노를 군대로 조직하여 전쟁에 참여하는 것도 중요한 의무였다. 따라서 평소에는 무기를 보관하다가 유사시에 무장을 하고 출전하는 방인 무기실은 귀족의 정체성을 보여주는 중요한 장소였다. 지금도 가끔 중세를 배경으로 하는 영화에서 빠지지 않고 등장하는 곳이 바로 무기실이다. 한편 전쟁이 나서 남자들이 모두 전쟁에 나가고 나면 마을에 남은 사람들은 예배실에 모여서 부디 전쟁에 이기게 해달라고 기도했다. 무기실과 예배실은 왕국 간 영토분쟁이 잦았던 중세의 사회상을 비추는 방이자 컨트리하우스에서 가장 중요한 방이었다. 그리고 뒤편으로 돌아가면 큰 부엌이 있고 2층과 3층에는 가족과 하인들을 위한 침실이 있고 지하실에는 음식물을 저장하는 창고가 있었다. 이것이 중세 영주의 컨트리하우스였는데, 새롭게 성장한 젠트리들도 귀족의 컨트리하우스를 모방한 집을 짓고 살았다. 물론 17~18세기는 중세가 아니기 때문에 1층의 무기실과 예배실은 사라졌고 또한 주택의 규모도 귀족의 것보다는 작았지만 그 원형은 귀족의 컨트리하우스였다. 젠트리들은 본디 농민이었기 때문에 농촌의 컨트리하우스에서 살았지만, 이후 점차 런던으로 진출하면서 런던에도 새로운 집이 필요해지게 되었다. 그것이 타운하우스였다.

지금도 런던 시내를 가득 채우고 있는 타운하우스는 영국 중산층의 대표적인 주택으로, 각 주택들은 이웃과 서로 벽을 공유한 채 1층부터 꼭대기층까지 전 층을 한 세대가 사용하는 특징을 가진

컨트리하우스가 화려해서 "영국인에게 집은 그의 성이다"라는 말이 나왔다기보다는, 방대한 영지 내에서 주인은 마치 성주와도 같은 권한을 행사했다고 보는 것이 정확할 것이다.

다. 일찍이 전원에서 널찍한 단독주택을 짓고 살던 영국인에게 내가 사는 위층에 누군가 다른 사람이 산다는 것은 상상할 수 없는 일이기 때문이다. 1층에는 응접실(parlor), 식당, 서재 등이 있었고, 2층에는 가족실과 여성전용 거실(Drawing room)이 있었으며, 3~4층에는 가족침실이 있고 다락층에는 하녀의 골방이 있었다. 이러한 층별 배치는 영국문화의 한 특징을 보여준다.

유럽문화는 크게 게르만 문화권과 라틴 문화권으로 나뉘는데 이 중 게르만 문화권은 독일과 영국을 비롯한 북유럽 문화를 대표하며 라틴 문화권은 이탈리아, 프랑스, 스페인 등 남유럽 문화를 대표한다. 그런데 게르만과 라틴은 서로 문화가 다르다. 이를테면 프랑스에서는 저녁식사 후 마담을 중심으로 살롱에 남녀 손님이 함께 모이는 독특한 살롱문화를 형성했지만, 영국에서는 이런 문화가 없다. 대신 남성끼리 여성끼리 따로 모여 시간을 갖는다. 그렇기 때문에 저녁식사 후에 가장이 남자손님들과 함께 이야기를 나누기 위한 용도의 응접실, 가장이 혼자 시간을 보내는 용도의 서재(study) 등이 1층에 마련되어 있고, 2층에는 여성전용 거실이 마련되어 있다. 특히 규모가 큰 집이라면 두세 개의 드로잉룸이 마련되어 있어서 2층 전체가 아예 드로잉룸으로 채워지는 경우도 볼 수 있다. 이는 남성이 클럽을 비롯한 기타 외부활동을 자유롭게 할 수 있었던 반면, 여성은 그런 생활을 할 기회가 거의 없었던 사회구조에 기인한다. 당시 여성은 동반남성 없이 혼자서 카페나 레스토랑,

극장 등에 출입하는 것이 허용되지 않아서 온종일 집에 머무는 경우가 많았다. 여성의 외부활동이란 친척이나 지인의 집을 방문하는 일이 유일했기 때문에 침실과 분리된 별도의 드로잉룸이 많이 발달한 것이라 할 수 있다.

농촌을 떠난 젠트리들이 런던으로 진출하면서 런던은 타운하우스가 즐비하게 된다. 아울러 젠트리의 개념도 조금씩 변화한다. 본래는 대농장을 소유한 부유한 농민을 뜻했으나 점차 전문직에 종사하는 도심 중산층 혹은 사업을 통해 부유해진 중산층을 이르기도 했다. 18~19세기 영국은 식민지를 개척하고 산업혁명이 일어나 공장이 생기면서 농촌에 대토지가 없어도 무역이나 상업, 공업을 통해 부를 축적할 기회가 많았고, 이에 신흥 중산층은 더욱 늘어났다. 19세기가 되면 도심에 사는 중산층을 광범위하게 젠트리라 칭하면서 영국은 명실상부 젠틀맨의 나라가 되었다. 요약하자면 젠틀맨은 16~17세기 지방의 부농을 이르는 말이었다가 18~19세기가 되면 도심 중산층을 지칭하는 말이 되고 20세기가 되면 더 일반적으로 사용되는 명칭이 된다. 한편 이러한 젠트리에 해당하는 프랑스의 신흥 중산층이 부르주아였다.

프랑스의 도심 상공인,
부르주아

/

영국의 젠트리가 시골지주 출신으로 런던에 진출했다면 프랑스의 부르주아는 자유도시의 상인들이었다. 부르주아(bourgeois)에서 부르(bour)는, 영어에서는 버러(burgh), 독일에서는 베르크(berg)와 같은 뜻으로 도시, 성, 성채 등을 뜻한다. 지금도 영국의 에든버러(Edinburgh), 독일의 하이델베르크(Heidelberg) 등의 도시가 있는데 이는 중세시대에 성장한 자유도시들이다. 따라서 부르주아란 '성 안에 사는 사람'이라는 뜻으로, 조선시대 한양의 사대문안에 사는 사람을 '문안 사람'이라 불렀던 것과 비슷하다. 영국의 젠트리가 지방의 부유한 자영농이었다면 프랑스의 부르주아는 도심 상공인이 성장한 예라 하겠는데, 여기서도 또한 영국과 프랑스의 차이점이 드러난다. 영국귀족이 전원귀족으로서 자신의 근거지가 되는 시골 영지에 컨트리 하우스를 짓고 살았다면, 프랑스 귀족은 파리에 살면서 일년에 몇 번 영지를 둘러보며 소출을 받아가는 부재지주였다. 영국과 비교해 프랑스는 중앙집권이 강했기 때문에 시골에 살기보다 파리에 몰려 살았고, 그중에서도 궁정에 상주하다시피 했다. 이러한 현상은 절대왕정을 행사하는 루이 13세, 루이 14세, 루이 15세, 루이 16세 시절에 특히 두드러졌다. 태양왕이라 불리던 이들 옆에는 해바라기와도 같은 귀족들이 늘어서 있었다.

당시의 프랑스 소설들을 읽어보면 시골에서 상경한 가난한 청년이 파리의 부유한 친척집을 찾아가는 내용이 유독 많이 보인다. 루이 13세 시대를 배경으로 하는 『삼총사』 역시 파리에 갓 상경한 시골 청년 달타냥이 주인공이다.

중국을 비롯한 동아시아에는 일찍이 '과거제'라 하여 시험을 통해 관료로 진출하는 방법이 제도적으로 마련되어 있었다. 하지만 유럽에서는 이러한 제도적 절차가 없이 인맥을 통해 알음알음으로 선발했기 때문에 궁정에 드나들면서 왕이나 귀족의 눈에 띄는 것이 중요했다. 출세를 하고자 하는 사람들은 파리로 몰려들었고 궁정은 왕의 눈에 띄고자 하는 사람들로 득시글거렸다. 프랑스 귀족을 일러 궁정귀족이라 하듯 궁정은 모든 문화의 중심이 되어갔다. 아름다운 용모와 교양 있는 화술, 세련된 예절이 중요해지다보니 귀족들 사이에서도 옷, 화장품, 향수, 신발, 양산, 모자 등 온갖 소비재가 필요해졌다. 파리가 점차 문화적 · 경제적 중심도시로 성장하면서 도시민에게 소비재를 제공해줄 도심 소상공인도 함께 성장하기 시작했다. 부르주아의 등장이었다. 요약하자면 본래 전원귀족의 전통이 강했던 영국에서 성장한 시골 대지주가 젠트리였다면, 중앙집권에 따른 궁정귀족의 전통이 강했던 프랑스 파리에서 성장한 도심 상공인들이 부르주아였다. 그리고 이들이 파리에서 살던 집이 오텔(hôtel)과 아파르트멍(appartement)이었다.

파리의 아파르트멍

/

지금도 파리에 가면 시청을 오텔 드 시테(Hôtel de Cite)라 하고 중세시대에는 병원을 '하느님의 집'이라는 뜻으로 오텔 듀(Hôtel-Dieu)라 불렀듯, 오텔은 집을 뜻한다. 16~17세기 프랑스 귀족이 살던 오텔은 규모가 상당했다. 가족도 대가족이었고 하녀와 하인도 많았기 때문인데 이렇게 집의 규모가 커지면 주택 내의 공간이 몇 개의 조닝(zoning)으로 나뉘게 된다. 이를테면 연회용 식당, 대기실, 응접실 등으로 이루어져 손님초대를 목적으로 하는 과시적 공간들의 모임(appartement de parade)이 있는가 하면, 살롱, 음악실, 여성 거실 등으로 이루어져 주로 안주인이 친지를 초대해 담소를 위한 장소로 사용되는 친교적 공간들의 모임(appartement de societe)도 있었고, 침실, 화장실, 드레스룸, 파우더룸 등으로 이루어진 사적인 공간(appartement de commodite)도 있었다. 이처럼 서로 연관된 기능을 하는 방들을 인접시켜 배치해놓은 것을 아파르트멍(appartement)이라고 하는데, 대규모 오텔의 경우에는 몇 개의 아파르트멍으로 나뉘어 있었다. 아파르트멍이란 오텔이라는 큰 전체에서 떼어낸 일부분이라는 말로, 마치 조선의 사대부가가 안채, 사랑채, 행랑채, 별채 등으로 나뉘어 있었듯, 바로 그 '채'와 비슷한 개념이다.

그런데 18세기부터 서서히 부르주아들이 등장하면서 새로운 집

오텔을 개조해 아파르트멍별로 임대를 주는 것이 돈벌이가 되자 이후에는 아예 임대목적의 아파르트멍을 신축하기도 했다. 아파르트멍은 점차 도시민의 가장 대표적인 집이 되고, 그리하여 지금도 파리 시내 전역을 아파르트멍들이 이끼처럼 뒤덮고 있다.

이 필요하게 되었다. 중산계층에 속하는 이들은 귀족처럼 많은 하인을 거느리지도 않았고 식구도 핵가족이어서 오텔 같은 큰 집이 필요하지 않았다. 이들의 새로운 수요에 맞추기 위해 기존의 오텔에서 아파르트멍 하나를 떼어내 세를 주는 집이 증가했다. 아울러 프랑스 대혁명이 일어나 귀족계층이 몰락하자 오텔이 아파르트멍별로 나뉘어 임대주택이 되는 예는 더욱 증가했는데, 이러한 장면이 가장 선명하게 묘사되어 있는 것이 괴도 루팡이라 알려진 『아르센 뤼팽』이다. 영국에 명탐정 셜록 홈즈가 있었다면 프랑스 파리에서는 괴도인 아르센 뤼팽이 있었다. 직업이 직업인지라 도둑질을 해야 하고, 도난사건이 발생하면 파리 경시청에서 나와 범죄현장을 감식하게 된다. 그가 가장 주력하는 품목은 보석, 현금, 수표, 유가증권처럼 부피가 작고 환금성이 뛰어난 것들이며, 때로 의뢰인의 부탁을 받아 각종 서류나 유언장, 불륜의 증거로 쓰일 만한 비밀편지 등을 훔쳐다 주기도 했다. 그런데 보석과 연애편지는 침실 옆 드레스룸에 보관되어 있고 서류와 현금은 서재에 보관되어 있기 때문에 감식과정에서 각 아파르트멍별로 분리된 프랑스 오텔의 복잡한 속살들이 낱낱이 드러나곤 한다. 뿐만 아니라 뤼팽의 행적 역시 신출귀몰하기 짝이 없다.

예를 들어 그는 어느 날 아침 나폴레옹가 27번지에 위치한 꽃집에서 꽃다발을 주문한다. 뤼팽의 잘생긴 외모에 호감을 느끼는 꽃집의 아가씨에게 그는 2층에 있는 데스팽 부인의 집을 방문할 예정이라고 말하며 실제로 2층으로 올라간다. 그런데 데스팽 부인의 집에서는 그날 하루 어떠한 방문객도 오지 않았으며 오히려 31번지의 어느 집에서 목걸이를 도둑맞고 만다. 이에 파리 경시청에서 출동하여 나폴레옹가 27번지에서 31번까지 모든 오텔의 출입구를 봉쇄하고 온 집 안을 샅샅이 뒤지지만, 몇 시간 뒤 그는 나폴레옹가와 인접한 리슐리외가 13번지의 집에서 유유히 빠져 나간다. 나폴레옹가 27번지의 집으로 들어가 31번지의 집에서 목걸이를 훔친 뒤 리슐리외가 13번지의 집을 통해 빠져 나가는 그의 동선은 도저히 추적이 불가능하다. 이에 파리 경시청에서는 명탐정으로 소문난 영국의 셜록 홈즈를 부르게 된다. 괴도 아르센 뤼팽과 명탐정 셜록 홈즈, 세기의 대결이 시작된 것이다.

도버 해협을 건너 프랑스에 도착한 셜록 홈즈는 아르센 뤼팽을 잡는 데 성공하여 그를 결박한 채 마차에 태우고 달리는데, 갑자기 자동차를 타고 나타난 아름다운 여인 때문에 다 잡았던 뤼팽을 놓치고 만다. 대신 아무도 알지 못했던 뤼팽의 중대한 비밀 하나를 밝혀내게 된다. 부유한 집의 하녀로 일하는 어머니와 함께 어린 시절을 가난하게 보냈던 뤼팽은 파리 고등공업학교를 졸업한 후 어느 유명한 건축가의 사무실에 들어가 조수로 일하게 된다. 그런데 당시는 기존의 오텔들이 임대목적의 아파르트멍으로 개조되던 시절이어서 파리 시내 각종 오텔의 리모델링 공사가 한창이었다. 뤼팽이 일을 하던 설계사무소도 그 일을 관여하게 되는데 그 과정에서 조수인 뤼팽은 파리 시내 주요 오텔의 도면을 입수하게 된다. 그것이 이후 오텔을 돌며 도둑질을 하는 데 결정적인 역할을 하게 된 것이다. 그리고 설계사무소를 퇴사한 후에도 건축가의 딸과 연인관계로 지내면서 계속 정보를 얻고 있으며, 셜록 홈즈에게 붙잡혀 마차에 실려갈 때도 자동차를 타고 극적으로 나타난 그녀의 도움을 받았다. 이 모든 사실은 뤼팽이 도둑질을 했던 오텔마다 붙어 있던 특정 마크 때문에 단서가 잡혔다. 이는 레종 도뇌르 상을 수상한 건축가가 설계한 건물에만 붙일 수 있는 마크였다. 조사 결과 뤼팽이 도둑질을 한 오텔들은 설계와 리모델링에 있어 모두 한 사람의 건축가가 담당했으며 그가 바로 뤼팽이 처음 취직했던 설계사무소의 건축가였음을 밝혀낸 이가 셜록 홈즈였다.

오텔을 개조해 아파르트멍별로 임대를 주는 것이 돈벌이가 되자 이후에는 아예 임대목적의 아파르트멍을 신축하기도 했다. 아파르트멍은 점차 도시민의 가장 대표적인 집이 되고, 그리하여 지금도 파리 시내 전역을 아파르트멍들이 이끼처럼 뒤덮고 있다. 1층에는 카페나 식당, 꽃집, 빵집, 약국 등 상점이 자리잡고 2층부터 주택이 있는 형태의 도심상가주택이다. 외견은 런던의 타운하우스와 비슷하게 보이지만 내부 구조는 전혀 다르다. 타운하우스가 1층부터 다락층까지 모든 층을 사용했다면 아파르트멍은 한 세대가 한 개 층을 사용한다. 대개 1층은 상점이고 2층은 A씨, 3층은 B씨, 4층은 C씨가 각각 세들어 살며 다락층은 몇 개의 작은 원룸으로 이루어져 학생이나 독신자가 사는 형태가 많다. 이는 서울 시내에서도 흔히 찾아볼 수 있는 도심 상가주택과 비슷한 형태로, 타운하우스가 1층부터 꼭대기층까지 전 층을 모두 사용하는 것과 정반대라 할 수 있다.

대중의 시대

/

영국의 젠트리, 프랑스의 부르주아는 17~18세기에 등장한 사회계층으로, 귀족과 성직자, 기사와 그 아래 농민들로 이루어진 사회에 새롭게 등장한 중간계층이었다. 이들은 과거 귀족이 누리던 문화를 그들에게 맞게 재생산하여 새로운 중산층 문화를 창조하는 역할을 했다. 젠트리들은 귀족의 컨트리하우스를 모방하여 런던에 타운하우스를 지었으며, 부르주아는 귀족의 오텔을 아파르트멍으로 개조하였다. 뿐만 아니라 19세기 산업혁명이 일어나자 이들은 새로운 생산수단으로 공장과 기업을 세우게 된다. 중세의 부유층은 대토지를 소유한 귀족으로, 토지는 가장 중요한 자본이자 강력한 생산수단이었다. 그런데 산업혁명으로 인해 토지가 아닌 다른 수단으로 돈을 버는 방법이 생겨났다. 공장을 세워 물건을 대량생산하는 일이었다. 젠트리와 부르주아는 자본을 들여 공장을 세웠고 이들은 공장주이자 기업가, 자본가가 되어갔다. 아울러 토지를 잃은 기존의 농민들은 도시로 들어와 공장 노동자가 되었다. 그리고 이 모든 과정을 19세기 영국의 대표적인 신흥공업도시이던 맨체스터에서 지켜보았던 칼 마르크스가 있었다. 그는 기존의 토지귀족을 대체하는 새로운 자본을 가진 자본가이자 공장주를 유산자(有産者) 곧 부르주아라 지칭했으며, 토지나 공장 같은 자본이 전혀 없어 오로지 자신의 노동으로만 살아가는 노동자를 무산자(無産者) 곧 프롤레타리아(proletariat)라 칭했다. 본디 프롤레타리아는 고대 로마사회에서 토지를 소유하지 못하여 정치적 권한도 없고 또한 병역의 의무도 지지 않는 사람을 뜻한다. 19세기에 마르크스는 이 말을 자본을 소유하지 못한 무산자라는 의미로 새롭게 사용하기 시작했다. 나아가 공장주이자 기업가인 부르주아가 노동자인 프롤레타리아를 착취한다는 대결구도를 강화하면서, 부르주아에 악덕 기업주이자 불로소득으로 생활하는 부유층이라는 이미지가 덧씌워졌다.

젠트리 곧 신사가 하나의 사회계층이었듯 부르주아도 일종의 사회계층이었고 귀족이 아닌 신흥 중산층인 젠트리를 평민과 구분해주는 지표는 교양있는 태도와 예절 바른 언행이었을 것이다. 그래서 가난한 시골소년에게 막대한 상속재산 즉 『위대한 유산』을 물려주고자 했던 익명의 신사는 소년 역시 훌륭하게 교육받아 교양있는 태도와 예절을 갖춘 신사로 성장하기를 바랐다. 매너와 애티튜드로 무장한 영국신사의 탄생이었다. 물론 이는 프랑스의 신흥계층이던 부르주아에게도 똑같이 요구되는 덕목이었다.

아울러 공장의 등장은 노동자의 탄생을 예고했다. 명문대를 졸업해 대기업에 입사를 하든, 의대나 법대를 졸업해 전문직이 되든 급료를 받고 일한다는 점에서 노동자라는 것은 부인할 수 없는 사실이다. 중세시대 인구의 대부분이 농민이었듯 20세기 인구의 대부분은 노동자가 되었고 21세기인 지금도 마찬가지이다. 20세기는 대중의 시대이고 바로 그 중요한 연결고리가 된 것이 17~18세기에 등장한 부르주아와 젠트리였다는 점에서 의미 있는 일이다.

2

우아한 팔라초에서 금융업은 시작되었다

은행

안토니오와 샤일록은 마침내 재판관 앞에 섰다. 샤일록은 안토니오에게 계약서를 내밀며 여기 적힌 대로 이행할 것을 요구했다. "만약 돈을 갚지 못한다면 심장의 살 1파운드를 베어내도록 한다"는 내용에 따라 안토니오는 정말 이 약속을 이행해야 하는가를 묻기 위해 두 사람은 재판관 앞에 선 것이다. 현명한 재판관은 판결을 내렸다.

"돈을 갚지 못한 안토니오의 잘못이 크니 샤일록은 계약대로 이행하여, 안토니오의 심장 살 1파운드를 베어내도록 하라"

이에 샤일록은 회심의 미소를 지으며 단검을 들고 안토니오에게 다가가려는 순간이었다. 계약서를 다시 한번 꼼꼼히 읽어보던 재판관이 말했다.

"이 계약서상에는 살 1파운드라고 명시되어 있구나. 그러니 너는 1파운드의 살 외에 어떤 것도 취해서는 안 된다. 만약 단 한 방울의 피라도 흘리게 된다면 계약대로 이행하지 않은 것이 되므로 너의 집과 배를 몰수할 것이다."

살을 베어내면서 피를 단 한 방울도 흐르지 않게 할 수는 없으니, 결국 샤일록은 재판을 포기하고 퇴장해버렸다. 셰익스피어 작 『베니스의 상인』의 결말 부분이다. 15세기 이탈리아 도시의 부유한 상인들의 이야기를 소재로 하고 있는데, 그런데 왜 상인들은 상업이 아닌 돈을 빌려주고 받는 대부업을 하고 있는 것일까? 돈을 갚지 못하면 심장 살 1파운드를 베어내겠다는 악덕 고리대업은 정말 가능했던 것일까?

은행이 된 팔라초

/

대부업은 항상 존재해왔지만 그것이 은행업으로 발달하게 되는 것은 15세기 이탈리아의 베네치아였다. 지금도 베네치아에는 시내 곳곳에 수로가 있어 곤돌라가 다니는데 예로부터 물이 많은 늪지대였다. 로마제국이 쇠망한 이유 중 하나로 이민족의 침입을 드는데 5세기경 이민족들의 침입을 피해 로마의 유민들은 늪지대인 베네치아까지 도망을 가게 된다. 이민족들은 기마민족이었고 건조한 초원지대를 달리는 말은 늪지대에서는 속수무책이었다. 로마의 유민들이 베네치아까지 도망치자 이민족들은 더 이상 쫓아오지 못했고, 물러가는 그들을 바라보며 모든 것이 하나님의 은총(benefit)이라는 뜻으로 그 지역을 '베네치아'라고 불렀다. 이러한 베네치아는 농사를 짓기에 적합하지 않았고 다만 수로가 발달하여 일찍이 상업과 교역에 종사하였다. 그러다가 십자군 전쟁 이후 동방항로 개척과 함께 무역으로 큰 돈을 번 거상가문들이 성장하게 된다. 이탈리아는 통합된 왕국이라기보다는 각 도시별로 자치권을 행사했기 때문에 왕이나 대귀족은 없었다. 다만 상인출신으로 돈을 모은 거상가문이 득세하였는데 이들의 권세가 얼마나 대단하였는지는 셰익스피어의 작품 속에 묘사되어 있다.

셰익스피어는 영국작가였지만 작품의 무대가 되는 곳은 이탈리아의 도시들이다. 당시 유럽에서 이탈리아가 가장 부유하고 또한 문화중심지였음을 보여주는 예라 하겠다. 그의 대표작 『로미오와 줄리엣』에서 원래 로미오가 좋아했던 여자는 줄리엣이 아닌 로잔느였다 그런데 로잔느에게 다른 약혼자가 있다는 사실을 알고 그 약혼자에게 결투를 신청해 죽이고 만다. 그러나 연적을 죽였다고 로잔느가 자신에게 돌아올 리는 없었고 이에 로미오는 크게 상심하게 된다. 풀이 죽은 로미오를 위해 친구들이 기분전환이나 할 겸 캐퓰릿가의 파티에 놀러 가자고 한다. 캐퓰릿가의 딸인 줄리엣의 약혼발표 파티가 있었던 것이다. 거기서 줄리엣을 보게 된 로미오는 다시 한번 사랑에 빠지고, 이제는 그녀의 약혼자에게 결투를 신청하는 대신 그녀를 직접 찾아가는 것이 바로 그 발코니 장면이다.

하지만 줄리엣의 캐퓰릿 가문과 로미오의 몬태규 가문은 뿌리 깊은 숙적이었다. 이에 줄리엣의 사촌동생인 티볼트가 로미오에게 결투를 신청하고 로미오는 또다시 티볼트를 죽이게 된다. 처음에

요새적 성격이 강한 캐슬에 비해 전쟁이 끝나고 평화가 찾아오는 르네상스 시기에 지어지기 시작하는 팔라초는 과시적 성격을 띠게 되면서 규모가 크고 화려해진다.

로잔느의 약혼자를 죽인 것은 큰 문제가 되지 않았지만, 명문 캐퓰릿가의 티볼트를 죽인 것은 쉽게 넘어갈 일이 아니었다. 캐퓰릿가의 복수가 시작될 것이고 이에 큰 위협을 느낀 로미오가 도망을 가면서 비극이 시작된다. 미미한 가문의 사람이라면 죽였어도 큰 문제가 되지 않지만 거상가문이었을 때는 정말 큰 문제가 되는 것, 사람을 죽였을 때 사법권이 발동하는 것이 아니라 가문간의 복수로 원수를 갚는 것 등은 거상가문들의 권력이 어떠했는지를 보여주는 예라 하겠다. 돈을 갚지 못하면 심장 살 1파운드를 베어내겠다는, 마치 요즘의 신체포기각서를 연상케 하는 차용증도 이러한 배경에서 작성된 것이다. 당시 이탈리아는 무법천지였고 마키아벨리의 『군주론』은 혼란한 사회에서 살아남기 위한 일종의 처세술이었다. 그리고 이러한 거상들이 사는 집이 팔라초(palazzo)였다.

팔라초는 중세 말기에 등장하여 15~16세기에 전성기를 이루었던 이탈리아의 대표적 저택이다. 그 기원은 로마시대에 지어졌던 시민회관, 공회당, 시청사, 총독회관 같은 공공건물이었는데 이것이 1,000여 년의 시간을 뛰어넘어 다시 부활한 것이다. 중세 유럽은 이민족의 침입도 많았고 강력한 통합국가가 아닌 군소왕국의 형태로 존재했기 때문에 소소한 분쟁이 잦았다. 그래서 영주들은 군사적 요새의 성격이 강한 성채주택인 캐슬에서 살았다. 중세의 캐슬은 산속에 위치하거나 연못이나 해자로 둘러싸인 채 높다랗게 솟아 있다. 여기에 망루 역할을 하는 뾰족탑이 곳곳에 있어서 외관상으로는 낭만적이고 예뻐 보일지 몰라도 실상은 방어적 성격이 강한 요새에 가깝다. 그러다 보니 주거공간은 협소하고 불편한 편이었다. 동화 속의 공주들이 깊은 성 안에 틀어박혀 살거나 아무도 찾아올 수 없는 다락방이나 높은 탑에서 살고 있었다는 이야기가 등장하곤 한다. 실제로 성채의 1~2층은 방어를 위한 공간으로 병사들이 상주하고 있었고, 그 다음 3층 정도에 왕과 왕자를 위한 공간이 있었으며, 왕비와 공주들은 더 깊은 다락방에서 살았다. 그렇게 깊은 탑 속에 갇혀 사는 공주를 이웃나라 왕자가 구하러 오지만 이는 동화 속에서 낭만적으로 표현되었을 뿐, 실제로는 이웃나라에서 쳐들어와 공주를 약탈해 갔을 것이다. 이처럼 영주들은 요새 같은 성채에서 살았다.

한편 그보다 지위가 낮은 하위 귀족이나 부유한 평민들은 도시에 집을 짓고 살았는데 그것이 팔라초이다. 요새적 성격이 강한 캐슬에 비해 전쟁이 끝나고 평화가 찾아오는 르네상스 시기에 지어지기 시작하는 팔라초는 과시적 성격을 띠게 되면서 규모가 크고 화려해진다. 그러다 보니 시청사나 관저 같은 공공건물에서 주로 사용되는 요소인 로비, 갤러리, 연회장, 대형홀 등이 주택에도 적용되면서 부유층 주거의 전형을 보여준다. 빈자의 주택과 부자의 주택을 구분하는 요소 중 하나가 면적으로, 부자일수록 넓은 집에 산다. 이때 넓은 면적을 채우는 것은 침실을 제외한 비침실 영역이다. 예를 들어 부부와 자녀 1명으로 구성된 3인 가족이 침실 2개와 거실, 주방으로 구성된 25평 아파트에 산다고 할 때, 거실과 주방 이외의 나머지 방은 모두 침실로 이용될 것이다. 그런데 이들이 5개의 방이 있는 100평대의 대형 아파트에서 산다고 할 때 부부와 자녀가 각자 하나의 침실을 쓰고 나머지 방들은 서재, 취미실, 홈시어터 등으로 채워질 것이다. 즉 25평 아파트가 그 4배인 100평대로 넓어졌을 경우 달라지는 것은 서재, 취미실, 홈시어터 등 비침실 영역이 증가하는 것이지 기존의 침실이 4배 크기로 무조건 확장되는 것이 아니다.

이처럼 비침실 영역의 증가는 부유층 주거의 특징 중 하나인데 고대 로마의 도무스(Domus) 주택도 그러했다. 로마의 고급 대형 주택인 도무스 주택의 전체 면적은 1,000~2,000m^2(330~600평)에 달했다. 이 중 침실은 10개 정도였고 그 합계 면적도 100m^2 남짓으로 이는 요즘의 30~40평형의 아파트와 비슷한데, 한 가족이 사는 기본적인 공간은 이 정도면 충분하기 때문이다. 나머지 공간은 계절별로 서너 개씩 마련된 연회용 식당, 서재에 해당하는 타블리눔, 옥외공간인 아트리움, 가족공간인 페리스타일 등 손님초대와 연회, 접대가 일어나는 공간으로 채워져 있었다. 침실 대 비침실 영역의 면적 비율이 1:9 정도이고, 9할에 해당하는 영역은 공공건물에나 사용되는 긴 갤러리, 홀, 연회실 등으로 채워져 있었다. 이러한 도무스 주택은 로마의 상위계층인 원로원 의원의 저택, 총독관저 등으로 사용되다가 로마의 쇠락과 함께 한동안 잊히게 된다.

그 후 15세기 이탈리아에 르네상스가 시작되고 신흥 거상가문이 등장했을 때 이들은 자신이 살 집의 모델을 로마에서 찾았다. 이탈리아는 로마의 전통을 계승했다는 자부심이 강했고 신흥 거상가문은 일종의 벼락부자였다. 상업과 무역으로 돈은 모았지만 신분상으로 평민이었기 때문에 영주의 성채는 지을 수 없었다. 무엇보다 성채 주택은 산속이나 연못으로 둘러싸인 채 지어지는 요새적 성격이 강한데, 도심에서 요새주택을 짓는다는 것은 적당치 않았다. 오히려 로마 부유층의 대형 주거가 더 적합한 모델이어서 이들은 천년 전 주택을 불러내어 재사용하게 된다. 그것이 팔라초였다. 물론 그 과정에서 약간의 변형이 생겼는데 본디 단층건물이던 것이 3~4층 높이로 올라갔다.

1층은 사무실과 회계실, 갤러리로 사용되고 2층에 가족의 거실이 있었으며 3~4층은 침실과 창고 등으로 쓰였다. 외관은 장중하고 우아한 모습을 하고 있으며 안쪽으로 들어와 내부 중정이 있는 형태였다. 당시 이탈리아의 거상가문들은 메디치 가, 루첼라이 가 등이었는데 이들은 이후 『베니스의 상인』처럼 대부업으로 더 큰 돈을 모았고 1층에 마련된 회계실과 사무실에서 금융업을 하였으니 이것이 시원적인 형태의 은행이었다. 특히 늪지대였던 베네치아에는 도시 곳곳에 수로가 마련되어 있어 곤돌라를 통해 각 팔라초로 진입했다. 서울의 평창동처럼 부유층이 몰려 사는 동네에 가보면 집집마다 대문 바로 옆에 셔터가 달린 전용차고가 있듯, 수로

이처럼 비침실 영역의 증가는 부유층 주거의 특징 중 하나인데 고대 로마의 도무스(Domus) 주택도 그러했다. 로마의 고급 대형주택인 도무스 주택의 전체 면적은 330~600평에 달했다. 루이지 바자니의 <폼페이의 실내>.

늪지대였던 베네치아에는 도시 곳곳에 수로가 마련되어 있어 곤돌라를 통해 각 팔라초로 진입했다.

에 면해 있는 베네치아의 팔라초들도 곤돌라 진입구가 마련되어 있었다. 돈을 빌리러 가는 사람들은 수로에서 배를 타고 들어가는 경우가 많았고 그래서 본디 둑이나 제방을 의미하던 뱅크(bank)는 이후 은행을 뜻하게 되었다. 팔라초의 육중한 외관과 우아한 클래식함은 이후 신뢰감을 주는 은행건물의 한 전형으로 자리잡게 된다. 하지만 팔라초에서의 금융업은 아직 은행업이라고 하기에는 무리가 있다. 돈을 갚지 못하면 심장 살 1파운드를 베어내겠다는 계약서를 작성하는 등 당시의 금융업은 요즘의 사금융에 가까웠다. 본격적인 금융업과 화폐발행을 독점하는 국책은행의 탄생은 그 후에 이루어진다.

명예혁명으로 탄생한 영국은행

최초의 국책은행의 탄생은 영국 명예혁명의 시기에 이루어진다. "나는 영국과 결혼하였다"라는 말과 함께 평생 독신으로 살았던 엘리자베스 1세 여왕이 1603년 후사 없이 사망하자 영국은 후계자 문제로 잠시 혼란에 빠진다. 이에 스코틀랜드의 왕인 제임스 1세가 즉위하게 되는데 잉글랜드의 입장에서 보면 스코틀랜드는 변방으로 보였을 것이다. 그럼에도 제임스 1세는 왕권신수설에 따른 강력한 왕권을 주장하여 잉글랜드 귀족들의 큰 반발을 일으켰다. 설상가상으로 그의 아들 찰스 1세는 전쟁을 일으켜 막대한 빚을 지고 이를 갚고자 높은 세금을 부과하면서 의회의 반발은 더욱 커졌다. 급기야 1642년 왕실의 입장을 대변하는 왕당파와 의회의 입장을 대변하는 의회파 간의 무력충돌이 일어나게 된다. 의회파의 수장은 올리버 크롬웰로, 귀족이 아닌 젠트리 출신의 평민이었고 1649년 국왕인 찰스 1세를 처형시켜버린다. 이는 루이 16세를 처형시켰던 1789년의 프랑스 대혁명보다 140년 앞서는 일이다.

정통귀족으로 이루어진 왕당파는 이후 보수정당인 토리당, 젠트리로 이루어진 의회파는 이후 시민세력을 기반으로 하는 진보정당 휘그당이 되는데, 이것이 영국 의회정치의 시작이었다. 한편 젠트리는 경제도 장악하게 된다. 찰스 1세가 전쟁을 일으킨 탓에 빚을 많이 졌는데, 이에 휘그당의 일부 그룹이 정부의 부채를 인수하는 조건으로 화폐발행의 독점권을 갖는 영국은행을 설립한 것이다. 1694년 세계 최초의 중앙은행이자 국책은행인 영국은행(Bank of England)은 이렇게 탄생했다. 그리고 은행건물은 진보적 시민세력을 상징하는 모습이었다.

절대왕정시대에 건물은 권력을 표현하는 도구로 작용하는 경우가 많아서, 왕궁은 좌우 대칭형의 평면에 명확한 축선을 가졌다. 그러나 영국은행은 젠트리 출신의 휘그당원들이 인수하여 설립한 것이기 때문에 건축형태는 귀족이 아닌 평민의 모습을 띠어야 했고, 축이나 대칭성 없이 기능에 따라 지어졌다. 건축가는 존 손(Sir.

John Soane, 1753~1837)으로 과감한 구조와 빛을 사용한 신고전주의 양식으로 지었다. 은행 내부에는 그리스 신전건축에서 흔히 사용되는 여성주(기둥을 만들 때 밋밋한 원통형 대신 여성의 형태로 만든 기둥)를 채용하면서도 철제구조를 그대로 보여주는 방식을 사용했다. 구조체를 그대로 노출시키는 방법은 당시로서는 혁신적인 방법이었으며 현재는 박물관으로 사용되고 있다.

이후 영국은행의 지점들이 여러 도시에 지어지게 된다. 공식 건축가는 코커럴(Charles Cockerell)이었는데 그리스 건축의 찬미자로서 그리스 신전을 모방한 듯한 신고전주의 양식에 바로크 기법을 가미해 지었다. 본디 유럽문명의 요람은 로마제국이다. 그런데 신흥강대국인 영국은 유럽 본토에 대한 열등감을 갖고 있었고 특히 프랑스와 경쟁관계에 있었다. 그런데 프랑스는 18세기 말 대혁명을 겪고 난 뒤 19세기에 나폴레옹 3세가 집권하면서 문화 전반에서 복고적인 경향을 띤다. 건축양식에서는 로마로의 회귀경향이 강해지고 있었다. 한편 1707년 스코틀랜드를 합병함으로써 대영제국으로 거듭난 영국은 19세기 산업혁명을 거치면서 새로운 강대국으로 부상하면서 프랑스와 경쟁관계에 이른다. 프랑스에서는 나폴레옹 3세가 집권하여 정통과 역사주의에 집착하면서 로마건축으로 회귀하자 경쟁관계에 있던 영국에서는 로마보다 더 오래된 그리스 양식으로 회귀한 것이다.

또한 19세기 영국은행 건축에서 복고주의 경향이 강하게 일어난 것은 은행에 대한 신뢰감의 요구와도 관련이 있었다. 은행은 고객의 돈을 관리하는 곳이기 때문에 혹시 은행이 파산하지나 않을까 혹은 도난이나 화재의 위험은 없는가에 대한 우려를 가진다. 그래서 은행은 결코 파산하지 않으며 도난과 화재에도 안전하다는 인상을 주는 것이 중요한데 신뢰감을 주기 위해서는 되도록 고전적이고 복고적으로 회귀하는 것이 안정적이다. 영국에서 은행건물에 신고전주의 양식이 채택된 것은 이 때문이다. 당시 영국 건축 전반에서 신고전주의가 유행하기도 했고 신뢰감을 주어야 하는 은행건물의 특성상 석재의 육중한 외관을 하고 있는, 그래서 마치 건물 자체가 하나의 금고를 연상시키는 은행건물의 전형이 탄생했다. 이러한 경향은 18~19세기 영국의 식민지였던 미국에도 영향을 끼친다.

처음에는 영국에 의해 이식된 양식이던 신고전주의는 이후 영국으로부터 독립한 후에도 계속 효력을 발생하게 된다. 여러 주들이 연방제로 묶인 미국은 폴리스라 불리던 도시국가의 연합이었던 그리스를 정치적 모델로 삼기에 안성맞춤이었다. 그리스를 민주주의의 시원이라고 치켜세우면서 건축형태는 그리스를 열심히 모방했다. 하얀 대리석의 신전을 모방한 백악관, 그리스 신전을 그대로 갖다 붙인 대법원 등의 건물은 이후 연방양식(Federal Style)이라 불리게 된다.

르네상스의 거상가문과 같이 갑자기 돈을 번 평민출신의 벼락

영국은행의 지점들이 여러 도시에 지어지게 된다. 공식 건축가는 코커럴(Charles Cockerell)이었는데 그리스 건축의 찬미자로서 그리스 신전을 모방한 듯한 신고전주의 양식에 바로크 기법을 가미해 지었다.

부자, 본디 시골농민이었다가 부를 축적하여 영국은행을 설립한 젠트리 출신의 휘그당, 유럽의 변방이었다가 18세기 신흥강대국이 된 영국, 그리고 독립전쟁에서 승리한 19세기 미국과 같이 역사가 짧은 신흥정권일수록 새로운 권력을 담기 위한 새로운 그릇이 필요한 법이다. 그것은 기존에 이미 정당성을 획득한 양식이어야 했고 또한 그 역사가 깊고 오래될수록 설득력이 있었다. 그러기 위해서는 고대 로마를 뛰어넘어 인류문화의 시원이라 할 수 있는 그리스의 옷을 빌려 입어야 했던 것이다.

조선에 상륙한 은행

/

거상가문과 신흥 중산층의 돈을 담기 위한 기제로 작용했던 은행은 일제 강점기이던 20세기 초 조선에 상륙하게 된다. 식민통치란 그 나라의 정치, 경제, 군사, 문화 등을 차례로 장악하는 일인데, 일제가 자행한 일에는 일정한 법칙이 있었다. 기존의 것을 대체할 새로운 시설을 바로 그 인근에 새로 마련하는 것이다. 정치를 장악하기 위해 조선의 정치 1번지라고 할 수 있는 경복궁 바로 앞에 조선총독부를 세웠고 경제를 장악하기 위해 기존의 종로상권 대신 인근의 명동상권을 활성화시켰다.

본디 한양의 상권은 시전과 육의전 등 종로를 중심으로 형성되어 있었다. 육의전에서 취급하는 물품은 중국산 비단, 국내산 비단, 무명, 베, 종이, 건어물 등 6가지 품목이었다. 4가지가 옷감이고 종이와 건어물이 생뚱맞게 끼어든 모양새인데 사실 옷감, 종이, 건어물은 조선시대에 화폐 대신 통용되던 품목들이다. 군대에 가는 대신 베를 세금으로 내었던 군포가 이를 방증한다. 따라서 육의전은 시장이라기보다는 금이나 외환 거래소와 같은 곳이자 물가를 조절하는 역할을 하였을 것이다. 대신 한양의 시민들이 일상적으로 사용하는 물품은 종로와 청계천 주변에 있던 시전에서 사고 팔았다. 그런데 일제는 기존의 종로상권을 약화시키기 위해 새롭게 명동상권을 키우기 시작했다. 본래 이곳은 남산 아래 자리잡은 조용한 마을로 묵적골 혹은 묵정동이라 불리던 곳이다. '남산골 샌님'이라는 말도 있듯 몰락한 양반이나 아직 벼슬을 하지 못한 선비와 무반들이 주로 사는 동네였다. 『허생전』의 허생이 바로 묵정동에 사는 가난한 선비이자 골방에 틀어박혀 글만 읽는 남산골 선비였다. 그런데 일제 강점기 이 일대가 갑자기 메이지정(明治町, 현 명동)이 되면서 신흥상권으로 부상하게 된다.

본래 용산과 인근의 남영동은 조선시대 군영이 있던 자리였다. 지형상 용산을 지나면 곧 남산이 나오고 남산을 지나면 바로 남대문으로 이어지기 때문에 군사적으로 중요한 요충지여서, 남쪽의 군영이라는 뜻의 남영(南營)을 두었다. 하지만 군사 역시 정치, 경제와 더불어 가장 먼저 장악해야 하는 시설이므로 조선의 군영을 해체하고 그 자리에 일본군을 주둔시켰다. 그러자 용산과 남영동 일대에 일본군과 그 군속들이 몰려 살게 되었고 이에 남산에 신사(神社)도 설치했다.

남산에는 조선 초기부터 국사당(國師堂)이 있었다. 조선의 태조가 한양에 도읍을 정하고 난 뒤 한양의 수호신을 모신다는 뜻으로, 북악산과 남산에 국사당을 두었기 때문이다. 일종의 토속종교라 할 수 있는데 유교가 국시인 조선에서는 원칙적으로 토속종교를 인정하지는 않았지만, 조선 초기는 아직 고려의 유습이 많이 남아 있던 시기라서 모든 것을 일시에 부정하기는 어려웠을 것이다. 그런데 남산의 국사당을 헐어버리고 그 자리에 일본신사인 조선신궁(朝鮮神宮)을 지었다. 이렇게 되자 용산 지역은 군사기지라서, 남산 일대는 종교적 성지라서 유흥이나 상업시설이 들어오기 어렵고 결과적으로 남산 아래 명동이 번창하게 된 것이다. 정리하자면 한양의 기존 상권은 육의전과 시전이 위치한 종로와 청계천을 중심으로 하는 동서방향의 가로축이었는데, 일제 강점기의 상권은 용산-남산-명동으로 이어지는 강력한 남북방향의 세로축으로 형성된 것이다. 북진하는 세로축의 정점에 해당하는 명동에 조선 최초의 백화점인 미쓰코시 백화점이 세워졌고 바로 맞은편에 최초의 은행인 조선은행이 세워졌다.

본디 일본의 유명 백화점 체인이던 미쓰코시 백화점의 경성지점으로 세운 것이 명동의 미쓰코시 백화점으로, 당시 엄청난 센세

이션을 일으켰다. 조선에서 상점은 시전이나 난전 형태로 운영되었고 지금 우리가 사용하는 '가게'라는 말의 어원도 실은 '가가(假家)'이다. 이는 대로에 면한 주택 앞에 가판대를 설치하고 장사를 하던 것에서 기원한다. 즉 상점이 별도의 건물로 세워지기보다는 임시 가건물, 가판대, 좌판, 노점 형태로 운영되었다는 방증이다. 그런데 백화점이 들어섰다. 5층이라는 높다란 건물로 존재하는 것도 놀라운 일이었는데 당시로서는 최신 문물이었을 엘리베이터가 있었고 옥상에는 정원도 마련되어 있었다.

첨단의 새롭고 낯선 문물은 당시 경성고등공업학교 건축과에 다니던 청년 이상(본명 김해경)의 눈에도 띄었다. 분명 건축과 수업시간에 유럽의 백화점에 대해 배웠을 그는 교과서에서나 보았던 건물이 실제 눈 앞에 나타난 것을 보고 크게 놀랐을 것이다. 스무살 약관의 건축과 학생이 느꼈을 충격과 경이는 1932년 《조선과 건축》이라는 잡지에 발표된 시 〈건축무한육면각체〉에 고스란히 드러나 있다. 이상의 시는 난해하기로 소문이 나서 〈건축무한육면각체〉 역시 여러 가지 해석이 나오고 있다. 하지만 'AU MAGASIN DE NOUVEAUTES(프랑스에서 백화점이 처음 나왔을 때 사용했던 명칭)'이라는 부제에서도 드러나 있듯이 스무살 청년이 조선에 세워진 최초의 백화점을 보고 느낀 감상을 적어놓은 것이라고 생각하면 훨씬 이해하기가 쉽다. 이상이 자주 드나들었을 미쓰코시 백화점은 해방 후 미군정 당시 미군들의 PX가 된다.

본디 고대 로마 양식의 부활이던 르네상스 양식은 그 '부활'이라는 이름에 걸맞게 20세기 초 조선에서 또 한번 부활하여 조선은행을 비롯한 서울역, 서울시청, 조선총독부 등 많은 건물이 르네상스 양식으로 지어졌다. 사진은 조선은행 본관.

그때 1층에는 미군들을 상대로 초상화를 그려주던 초상화부가 있었는데 박수근 화백도 여기서 초상화를 그리는 일을 하게 되고, 전쟁 통에 대학을 중퇴한 앳된 처녀였던 소설가 박완서 선생은 미군의 통역사 역할을 하게 된다. 그리고 20여 년의 시간이 지나 당시의 경험을 그대로 살린 자전적 소설 〈나목〉이 박완서의 데뷔작이 된다. 이처럼 이상, 박완서, 박수근 선생의 흔적이 서린 미쓰코시 백화점은 현재 신세계 백화점 본점이 되어 있다.

한편 미쓰코시 백화점 앞에는 조선은행을 두었다. 이는 본디 일본의 시중은행인 제일은행의 경성지점으로 설립되었는데, 이후 1905년 화폐발행권을 독점하는 발권은행이자 중앙은행인 조선은행으로 탄생하게 된다. 경제의 두 가지 꽃이라 할 수 있는 은행과 백화점이 명동에 세워졌고, 이는 기존 종로의 육의전과 시전을 대체하는 새로운 시설이었다.

조선은행의 외관은 당시 미국과 영국에서 유행하던 신고전주의 연방양식과 비슷하면서 프렌치 르네상스 양식을 띠게 된다. 19세기 신고전주의가 미국과 영국에서 유행했다면, 프렌치 르네상스 양식은 19세기 말에서 20세기 초 조선과 일본에 유행하던 양식이었다. 당시 일제는 조선을 합병하는 데 있어 "동양에서 먼저 진보한 나라가 아직 그렇지 못한 나라들과 연합하여 서구제국주의의 침략에 함께 맞서야 한다"는 논리로 침략을 미화하고 정당화하였다. 따라서 조선에 지어지는 건물은 일본식이 아닌 '진보된 나라의 양식'이어야 했으며 일제는 그 해답을 르네상스 양식에서 찾았다. 독재자는 클래식을 좋아한다는 명제가 있다. 지지기반이 취약한 신흥정권일수록 정당성을 부여하기 위해 클래식한 건축양식을 선호하는 경향이 있다. 본디 고대 로마 양식의 부활이던 르네상스 양식은 그 '부활'이라는 이름에 걸맞게 20세기 초 조선에서 또 한번 부활하여 조선은행을 비롯한 서울역, 서울시청, 조선총독부 등 많은 건물이 르네상스 양식으로 지어졌다. 일제 강점기 조선에 이식된 은행은 이후 시중은행들이 생기면서 영국식 신고전주의와 프랑스식 르네상스 양식이 뒤섞인 형태로 지어지게 된다.

21세기의 은행

/

불과 10~20년 전만 해도 시내 중심가에는 은행이 많았다. 은행이 본래 부르주아의 필요에 의해 등장했기 때문인지 단위 면적당 은행 점포수가 얼마나 많이 있는가는 부촌을 결정짓는 하나의 요소가 되기도 한다. 아울러 도심의 오아시스가 되기도 했다. 더운 여름에 길을 걷다가 지치면 잠시 은행 대기실에 앉아 시원한 에어컨 바람을 쐬며 잡지를 들쳐보다 나올 수도 있었지만, 요즘은 점차 이런 일도 사라지고 있다. 인터넷뱅킹 거래가 증가하면서 은행의 점포수가 줄어들고 있기 때문이다. 그렇다면 21세기에 은행은 사라지고 말 것인가? 요즘 은행은 오히려 역공간화되기 시작했다.

현대사회의 특징 중 하나인 역공간(閾空間, liminal space)은 사적 공간의 확대에 따른 공적 공간의 축소과정에서 생기는 것으로, 그 공사의 경계가 모호하게 소멸되는 현상을 말한다. 이를테면 카페나 다방은 예전에는 사람을 만나서 이야기하는 장소로 사용되는 명백히 공적인 공간이었다. 그래서 라디오나 TV를 크게 틀어놓기도 하고 손님들 역시 자유롭게 이야기를 했다. 그런데 요즘의 카페는 혼자 앉아서 책을 읽거나 공부를 하는 사람이 많아지면서 점차 사적 공간이 되어가는 느낌이다. 누구와 소통을 한다기보다는 귀에는 이어폰을 꽂고 눈으로는 스마트폰이든 책이든 자신이 가져온 개인 장비만 들여다보고 있으니 막상 카페에서 사람들과 이야기하기가 어색해진다. 본디 공적 공간이었지만 어느새 점차 사적 공간이 되어버린 카페, 이것이 대표적인 역공간의 예이다.

또한 사이버공간도 대표적인 역공간의 하나이다. 개인 블로그와 사회관계망 서비스를 통해 집에서 기르는 고양이의 모습을 찍어 올리고 어제 저녁 먹었던 밥상과 오늘 아침의 브런치 사진을 찍어 올린다. 그리고 이것을 전 세계의 모든 사람이 들여다보고 있다. 우리집 고양이와 저녁 밥상은 지극히 사적인 것이어서 과거에는 공개되지 않던 것이지만 요즘은 전 세계의 사람들이 공유하며 또한 내 사진을 보는 사람이 누구인지 나는 전혀 파악을 못하고 있다. 사적인 공간이 공적으로 확장되면서 그 경계가 모호해지는 현

최근 대학가에 카페를 닮은 은행이 들어서고 있다. 대면업무는 점차 축소되고 있지만 외국인 유학생이 많아지면서 인터넷 거래가 어려운 외국인 학생들이 주로 이용하고 있는데 이러다보니 대기시간이 길어져 아예 카페처럼 꾸미기 시작한 것이다.

상이라 할 수 있다.

공간의 개념이 달라지면서 은행 역시 또 하나의 역공간이 되어가고 있다. 최근 대학가에 카페를 닮은 은행이 들어서고 있다. 대면업무는 점차 축소되고 있지만 외국인 유학생이 많아지면서 인터넷 거래가 어려운 외국인 학생들이 주로 이용하고 있는데 이러다보니 대기시간이 길어져 아예 카페처럼 꾸미기 시작한 것이다. 도서관을 연상케 하듯 한켠에는 책장이 놓이고 중앙에는 대형 테이블을 놓았다. 은행창구에서는 대기시간이 너무 길어지면 포기를 하고 다른 곳으로 가버리는 경우가 많이 생긴다. 따라서 대기시간은 짧을수록 좋은데 그렇다고 매장의 크기를 넓혀 많은 직원을 두는 것은 비효율적이다. 협소한 매장면적에 적은 직원수로 이루어진 은행점포에서 대기시간의 증가는 피할 수 없는 현상인데 그렇다면 그 대기시간을 덜 지루하게 보내기 위한 방법이 필요한 것이다.

그래서 학생들에게 가장 인기있는 공간인 카페의 형태로 재탄생한 은행이다. 카페에서 공부를 하는 '카공족'이라는 말도 있듯 카페에서는 한두 시간쯤은 쉽게 기다리는 경향이 있기 때문에, 카페를 닮은 은행객장에서 손님은 한 시간 정도는 쉽게 기다리게 되는 것이다. 은행이 역공간화된 하나의 예라고 할 수 있을 것이다. 어느새 현금보다 신용카드의 사용빈도가 높듯, 은행에서도 대면업무는 점차 축소될 것이다. 그렇다면 또한 어떤 새로운 서비스를 제공할 것인가. 은행은 이제 또 한번의 변신을 시작하고 있다.

3

왕과 귀족 문화를 성토하며 대중이 모인 곳

클럽과 커피하우스

오전 11시 30분이 되자 영국신사 필리어스 포그는 새빌로의 저택을 떠나 정오 무렵 팰맬 거리에 있는 혁신클럽에 도착하였다. 그리고는 곧장 식당으로 들어가 전채요리, 생선찜, 로스트비프와 치즈로 구성된 점심식사를 마친 뒤 홀에 가서 주간지인 《타임즈》와 《스탠더드》를 읽었다. 그리고 저녁을 먹은 뒤 6시에 다시 홀에 가서 《모닝 크로니클》을 읽기 시작할 무렵 클럽의 회원들이 하나둘 나타나기 시작했다. 기사, 은행가, 부유한 사업가인 양조업자, 영국은행 이사 등등 이들은 모두 사업과 금융계의 유명인사들이자 카드놀이를 함께 하는 신사들이었다. 그날 테이블 위에는 흥미로운 화제가 함께 올랐다. 신용도가 높기로 소문난 영국은행에서 금괴 도난사건이 일어난 것이다. 분명 고객의 금괴에 혹한 직원의 실수로 보여지는데 그렇다면 그 도둑은 누구인가, 그는 아마 영국을 떠나 전 세계를 떠돌아 다니며 도피행각을 벌일 것이다, 그를 과연 잡을 수 있을까 없을까 하는 문제로 시작된 화제는 마침내 80일 동안에 세계일주가 가능한가 그렇지 않은가 하는 문제로 옮겨갔다. 그것이 가능하다는 것을 보여주기 위해 주인공 필리어스 포그가 직접 여행을 떠남으로써 『80일간의 세계일주』가 시작된다. 19세기 부유한 사업가와 은행가, 기사, 신사들이 모여 식사를 하고 신문을 읽고 카드놀이를 하며 때로 열띤 토론도 벌였던 클럽은 과연 어떤 곳이었을까.

이탈리아의 무젠호프,
프랑스의 살롱

/

신사와 숙녀들이 모여 앉아 예술과 문학에 대해 토론하던 풍습은 문예부흥기 이탈리아로 거슬러 올라간다. 16세기 후반 이탈리아는 문학계의 르네상스를 맞이하면서 작품을 읽고 토론하는 곳으로서 무젠호프(Musenhof)가 유행했다. 무젠호프는 프랑스의 살롱처럼 팔라초 내에 마련된 객실이었는데 이곳에 출입하기 위해서는 문학과 예술적 소양이 풍부해야 했다. 아울러 살롱의 마담처럼 팔라초의 안주인들은 자신의 집에 마련된 무젠호프에 미술가와 문학가를 초대하여 문화산업을 이끌었다. 이탈리아의 거상가문들은 돈은 많았으나 아쉬웠던 부분이 혈통의 정당성과 문화적 소양이었다. 혈통은 귀족가문과 혼사를 맺으면 해결되는 일이었고 부족한 문화적 소양을 충족시키기 위해서 미술가를 후원하고 무젠호프를 열었다. 그러다가 17세기가 되어 프랑스가 이탈리아를 제치고 문화중심지로 부상하면서 무젠호프 역시 프랑스로 옮겨가 살롱이라는 이름으로 개장하게 된다.

프랑스 최초의 살롱은 1608년 랑부이에 후작부인(Mme. Marquise de Rambouillet)이 파리에 연 것으로 10~20명 내외의 손님이 모여들었다. 이탈리아 귀족 출신의 어머니와 프랑스인 아버지 사이에서 태어난 그녀는 이탈리아의 고급 궁정문화를 프랑스에 소개하는 역할을 하였는데 최초의 살롱 역시 이탈리아 궁정에 있던 살로네(salone)를 모델로 하여 '이탈리아식 살롱(salon a l'italian)'이라 불렸다. 살롱(salon)이라는 말은 이전까지 프랑스어에는 없던 말이었다. 프랑스에서 실(室)을 지칭하는 말은 홀(hall)에 해당하는 살(sal)과 방(room)에 해당하는 샹브르(chambre), 두 가지가 있었다.

우리 전통건축에서도 주택 내의 모든 실은 방과 마루로 양분되듯, 방에 해당하는 샹브르는 출입문이 달린 독립된 곳으로서 주로 침실이나 사실(私室)로 쓰였고, 살은 문이 없이 개방된 곳으로 거실이나 마루에 해당하는 장소였다. 그런데 살(sal)에 on이 붙어 살롱(salon)이 되면 이는 좀 더 작은 장소인 '작은 살'을 뜻하게 된다. 홀보다는 좀 더 사적인 공간이지만 룸보다는 공적인 성격을 띠는 곳, 홀과 룸의 중간 성격을 갖는 곳이라는 의미였다. 이곳에서 일어나는 일 역시 대연회나 무도회같이 공적인 행사보다는 7~8명 내외의 손님이 초대되어 편안한 대화를 나누는 곳이었다.

랑부이에 후작부인은 혼잡한 궁정 대신 자신의 저택에 궁정사회를 재현하고자 했던 것 같다. 루브르 가에 지어진 저택에는 여성의 취향에 맞추어 알코브, 캐노피 침대 등으로 안락하게 꾸며진 살롱이 마련되어 있었다. 알코브(alcove)란 벽면 한구석에 움푹 들어간 공간을 말하는데 중세주택의 흔적 중 하나라고 볼 수 있다. 요즘의 아파트는 개인에게 독방이 주어지는 대신 그 방의 크기가 매우 작다. 하지만 중세주택은 방의 크기가 매우 컸고 그걸 혼자 사용하는 게 아니라 여럿이 함께 사용했다. 농가에서는 가족들이 함께 사용했고 성채주택에서는 안주인과 하녀가 함께 사용하거나 딸들끼리 한 방을 썼다.

이러다 보니 개인의 프라이버시가 필요한데 이때 생긴 것이 알코브이다. 벽면 한구석으로 움푹 들어간 곳이어서 조용히 기도를 드리거나 혼자 틀어박히는 장소로 사용되곤 했다. 여럿이 한 방을 써야 하는 농가주택에서는 개인 침대를 알코브 안에 두기도 했다. 이것이 살롱에 마련되고 별도의 의자를 두어 안락하게 꾸미기 시작하면서, 살롱에 여러 명의 손님이 있을 때 누군가 둘이서 조용히 이야기할 수 있는 장소로 사용된 것이다. 캐노피 침대 역시 마찬가지였다. 안주인과 하녀가 함께 방을 사용할 때 안주인이 사용하는 침대에 캐노피를 달아서 밤이 되면 프라이버시를 위해 장막을 치고 잤다. 여주인의 침대가 살롱에 놓여 있다는 것이 좀 이상해 보이겠지만, 자신의 침대가 놓인 사적인 공간까지 손님을 초대한다는 것은 친밀감의 표현이다. 캐노피, 알코브 등을 살롱에 두었다는

프랑스 최초의 살롱은 1608년 랑부이예 후작부인이 파리에 연 것으로 10~20명 내외의 손님이 모여들었다.

알코브란 벽면 한구석에 움푹 들어간 공간을 말하는데 중세주택의 흔적 중 하나라고 볼 수 있다.

것은, 살롱이 연회장보다는 사적인 공간이되 그러면서도 프라이버시를 섬세하게 조절했다는 의미가 된다.

살롱에는 아무나 드나드는 것이 아니고 마담의 초대를 받은 사람만이 출입할 수 있었다. 이들은 재능있는 사람이라는 뜻으로 장데스프리(gens d'esprit, 재사〔才士〕)라 불렸는데 세련된 취미와 교양을 갖춘 예절 바른 사교인들이었다. 때로 장데스프리들이 너무 많아 마담이 혼자 상대하기가 어려울 정도가 되면 좀 더 젊고 교양있는 여성인 프레시외즈(precieuse, 재녀〔才女〕)의 도움을 받았는데, 이들은 주로 마담의 딸이나 조카, 양녀였다. 랑부이에 후작부인의 살롱이 전성기를 맞이했던 때는 1638~45년으로, 루이 13세와 14세가 통치하던 시기였다. 궁정문화가 절정에 달하면서 언어, 풍속, 매너, 감성이 세련되게 다듬어지던 시절이었는데, 본디 예술을 논하던 살롱에서 점차 정치나 종교와 같은 민감한 주제도 다루게 된다.

18세기에 가장 유명했던 살롱은 탕생 부인(Mme. Tencin)의 살롱으로 다른 살롱이 예술이나 문학을 주로 다루었던 데 비해 이곳은 정치적 성격을 많이 띠었다. 몽테스키외가 드나들었고 때로 루이 15세의 태만을 공개적으로 비판하기도 하였으니 이후 프랑스 대혁명의 태동을 예고하는 일이었다. 특히 탕생 부인은 젊은 시절 사생아를 낳았는데 그가 바로 백과사전을 간행하게 되는 달랑베르(Jean Le Rond d'Alembert)였다. 백과사전의 간행은 문화사에서 일대 혁명이었다.

그전까지 책이란 성경이 가장 중요했다. 하늘과 바다가 어떻게 만들어졌는지 인간이 어떻게 탄생하게 되었는지 모든 지식은 성경에 근거하여 해석하였다. 하지만 이성적이고 합리적인 사고를 하게 되면서 기존의 기독교적 세계관과는 다른 방식으로 세계와 우주를 해석한 내용을 적어놓은 것이 백과사전이었다. 그리고 성경 대신 백과사전을 읽으며 공부하고 토론하는 이들이 '백과전서파'였다. 당연히 교권에서는 크게 반발했고 때로 백과사전을 금서로 지정하기도 했다. 그러나 대세를 거스를 수는 없는 법, 백과전서파들은 점차 많아지기 시작했고 이들이 모이는 곳이 살롱이었으며 그 살롱에서 잉태된 것이 계몽사상이다.

살롱의 탄생 배경은 17세기 프랑스에서 기존의 궁정문화에 염증을 느낀 귀족부인이 그 대안으로 자신의 집에 궁정문화를 재현한 것이라 할 수 있다. 궁정의 중심은 태양왕이라 불리던, 정말 태양처럼 빛나던 왕과 왕비였고 귀족들은 그 옆에 해바라기처럼 도열하여 왕과 왕비의 일거수일투족을 지켜보며 의미를 부여했다. 그러나 이러한 궁정문화 대신 자신의 집에서 주제에 맞는 대화를 하며 마담 역시 주인공이 아닌 경청자의 역할을 하는 것이 살롱이었다. 18세기 프랑스 문화를 이끌고 이후 프랑스가 문화강대국이 되는데 큰 역할을 한 것이 살롱이지만 거기에도 한계는 있었다.

살롱은 궁정을 드나드는 귀족부인과 프레시외즈들이 이끌었기 때문에 17세기 궁정문화의 한 변형이었고 당연히 대화예법을 중

18세기에 가장 유명했던 살롱은 탕생 부인의 살롱으로 다른 살롱이 예술이나 문학을 주로 다루었던 데 비해 이곳은 정치적 성격을 많이 띠었다. 프랑수아 드크보비에의 <살롱 회합>.

시하였다. 지나친 논쟁이나 한 사람이 너무 길게 대화를 주도하는 것은 금지되었고 선택되는 주제 역시 마담의 취향에 영향을 받았다. 당시 여성과 남성의 교육은 판이하게 달랐다. 어릴 때는 남녀 구분 없이 가정교사의 지도 아래 기본적인 읽기, 쓰기와 예절교육을 받다가 11~12세 정도가 되면 소녀들은 더 전문적인 가정교사를 초빙하여 문학, 예술, 더 세련된 예절교육을 받았다. 대신 소년들은 라틴어, 철학, 역사, 수학 등의 과목을 배웠고 이후 대학에 입학하여 전문교육을 받았다.

여성교육은 문학과 예술 및 예절교육에 편중되어 있었기 때문에 그 외의 다른 주제들, 이를테면 정치, 군사, 자연과학, 사회과학 등에 대해서는 문외한이었다. 초대된 장데스프리들이 군사나 정치 문제에 대해 열띤 토론을 하고 있는데 그 구체적 내용을 잘 모르는 마담은 행여 토론이 논쟁으로 번질까봐 대화예절만을 강조하여 말을 자꾸 중간에 끊어버리기 일쑤였고, 결국 대화는 알맹이는 빠진 채 건조한 매너리즘에 매몰되곤 했다. 또한 살롱을 이끄는 마담들은 궁정사회에도 드나들었기 대문에 지나치게 정치적이고 비판적인 대화는 할 수가 없었다. 이에 보다 더 다양한 주제, 더 자유로운 대화방식을 추구하는 남성살롱이 18세기 말에 등장하기도 했다. 여기에는 금기가 없었고, 여성살롱에서는 다룰 수 없었던 대담한 주제를 놓고 벌이는 격렬한 언쟁도 허용되었다. 그리고 이것이 독일과 영국 등으로 전파되면서 살롱은 큰 변화를 겪게 된다.

살롱은 매주 화요일 저녁 혹은 목요일 저녁 하는 식으로 날짜를 정해 정기적으로 모여 식당에서 저녁만찬을 대접한 후 그 후에 살롱으로 옮겨 토론을 시작했다. 적어도 7~8명, 많으면 10~20명의 저녁식사를 매주 집에서 대접하고 또한 그들이 모일 만한 살롱을 갖추자면 경제력이 있어야 했다. 주택이 협소할 경우 10여 명이 둘러앉을 만한 식당과, 거실이나 가족실과 분리된 별도의 살롱을 마련하기가 어려워진다. 주택 내에 이러한 장소를 둘 수 없는 계층이라면 살롱과 식당은 외부공간에서 해결하게 된다. 주택 외부에 마련된 신흥 중산계층의 살롱, 그것은 영국의 클럽이었다.

신사들의 클럽

/

17세기 말 영국에서 신흥 중산계층인 젠트리가 성장하여 영국사회를 주도적으로 이끌기 시작했고, 젠트리 계층의 남성은 젠틀맨이라 불리면서 명실상부 영국은 신사의 나라가 된다. 본래는 시골의 대지주였다가 런던에 진출하게 된 이들은 그들끼리 모여 커뮤니티를 형성할 필요성이 생겼다. 어느 집단이나 내부 결속력을 공고히 하기 위한 네트워크가 필요한 법이며, 특히 신흥계층일수록 그러했다. 기존의 영국귀족들은 혼맥과 인맥으로 맺어진 촘촘한 연결망을 가지고 있으며 그들의 컨트리하우스에서 연회를 열며

회합을 가졌다. 하지만 컨트리하우스가 없었던 신흥 젠틀맨들이 새로운 네트워크를 형성하는 곳이 클럽이었다. 기존의 귀족모임이 혈통을 중심으로 하는 것이라면 클럽은 공동의 관심사를 갖는 사람들의 모임이었기 때문에 클럽은 신사계층의 누구라도 회원이 될 수 있었다.

본디 대지주를 일컫는 말이었던 젠트리 곧 신사는 19세기가 되면 그 범위가 더욱 확대되어 은행가, 사업가, 변호사, 의사 등 도심 전문직까지 두루 일컫는 말이 된다. 클럽의 전성기는 19세기였는데 신사들은 관심사에 따라 3~4개의 클럽에 속해 있는 것이 보통이었다. 특정 대학의 졸업생으로 구성되는 동문회 성격의 클럽, 특정 지역출신이 모이는 향우회 같은 클럽, 직업이나 직종에 관련된 클럽, 공동의 취미를 중심으로 모인 클럽, 그리고 정치나 종교에 관련된 비밀클럽도 있었다. 클럽의 회원이 되자면 조건을 갖추어야 했기 때문에 그가 어떤 클럽에 소속되어 있는가는 그의 정체성을 나타내는 중요한 단서가 되었다.

19세기 영국에서 클럽이 갖는 의미가 어떠했는지는 코난 도일 원작의 『셜록 홈즈』에 소상히 그려져 있다. 1887년 처음 연재되기 시작한 『셜록 홈즈』는 영국 런던에서 일어나는 각종 사건을 해결하는 명탐정의 이야기다. 1970년대의 〈수사반장〉부터 요즘의 미국 드라마 CSI까지 범죄수사물을 보고 있으면 그 사회의 속살들이 낱낱이 들여다보이는데 『셜록 홈즈』 역시 마찬가지였다. 사건이 발생하면 홈즈는 피해자가 어떤 클럽에 속해 있었는지를 중심으로 주변인물을 탐색해 나간다. 당시 남성들은 출신지역, 출신학교, 직업, 취미, 종교나 정치적 성향에 따라 클럽 몇 군데에 중복 가입되어 있었기 때문에 클럽을 중심으로 수사를 하다 보면 범인의 윤곽은 쉽게 잡혔다. 『셜록 홈즈』는 20세기에 들어 영화나 드라마로 리메이크되면서 논리적 추론에 입각한 과학수사기법만이 돋보이게 되었는데 19세기에 쓰여진 원작을 읽어보면 과학수사보다는 클럽을 중심으로 하는 탐문수사에 치중하고 있음을 알 수 있다. 20세기에 들어 클럽문화가 쇠퇴하고 과학기술이 발달하면서 리메이크되는 작품 역시 과학수사 쪽을 더 부각시킨 것으로 보인다.

지금도 '클럽'이라 불리는 인터넷 커뮤니티에 가입하여 게시물을 쓰고 댓글을 달며 하루에 몇 시간을 그곳에서 생활하는 사람이 있듯 19세기 영국신사들도 자신이 좋아하는 클럽에서 온종일을 보낼 수 있었다. 80일간의 세계일주를 하게 되는 영국신사 필리어스 포그는 오전 11시 30분이 되면 저택을 나와 혁신클럽에 도착하여 1층에 마련된 식당으로 가서 점심을 먹은 뒤 홀에서 신문을 읽다가 저녁도 클럽에서 먹는다. 식사 후에도 클럽에서 회원들과 카드놀이를 하다가 자정 무렵에 집으로 돌아오는 것으로 되어 있다. 낮 12시부터 자정까지 하루의 대부분을 클럽에서 보내기 때문에 정작 필리어스 포그의 저택에는 식당도 서재도 없었다. 클럽에는 문학 도서실과 법률 및 정치 도서실이라는 두 개의 라이브러리가 있어서 필요한 책은 마음대로 볼 수 있기 때문이다. 점심과 저녁식사는 모두 클럽하우스 1층에 마련된 식당에서 해결했으며 만약 손님을 맞아야 할 때는 2층에 마련된 별도의 작은 살롱을 이용할 수 있었다. 클럽은 한 세기 전 프랑스의 살롱이 외부로 확장된 것이라 할 수 있는데, 그렇다면 클럽하우스는 어떻게 생겼을까.

영국의 클럽하우스

프랑스의 살롱이 주택 내에 마련되어 있었다면 영국의 클럽은 주택이 아닌 외부에 마련되었고 처음부터 클럽하우스가 독립적으로 생겨난 것도 아니었다. '클럽'이라는 신사들의 모임이 증가하면서 특정 클럽의 사람들이 근거지로 삼을 만한 장소가 필요해졌는데, 그 장소로서 당시 영국에서 유행하기 시작한 커피하우스가 등장했다.

1650년 커피가 유럽에 처음 소개되면서 커피하우스도 생겨났다. 처음의 커피하우스는 '하우스'라는 이름처럼 주로 개인의 주택을 개조하여 만들어졌다. 1652년 영국 런던의 콘힐에 첫 커피하우스가 등장하고 10여 년 후에는 80개 이상의 커피하우스들이 생겨났다. 고급 커피하우스의 경우에는 1층에는 커피룸과 식당이 있었고 2층에는 개인 칸막이를 칠 수 있는 살롱, 카드놀이를 할 수 있는 카드룸, 서재가 있고 3층에 주인 집이 있었다. 초창기의 커피하우스들은 당시 생기기 시작했던 은행을 비롯하여 환전소, 거래소, 증권사무소와 같은 금융가 주변, 법원과 대학, 학회 건물 주변에 집중되어 있었다.

그런데 금융가 주변에 있는 커피하우스에는 관련 직원들이 주로 이용하면서 차츰 은행과 증권을 비롯한 금융 관련 정보가 모이기 시작하고 법원과 대학 근처의 커피하우스도 마찬가지였다. 특히 당시는 의회정치가 발달하면서 대학이 법관을 비롯한 전문관료를 양성하기 위한 기관으로 변화하던 시기였다. 대학은 법원 근처에 있었으며 그 주변의 커피하우스에는 정치 관련 정보들이 모이기 시작했다. 또한 고급 정보를 공유하며 그 정보의 독점을 위해서는 선별된 집단만이 커피하우스에 드나들어야 했다. 그러자면 커피값을 비싸게 받거나 별도의 연회비를 받는 회원제로 운영되어야 했다. 회원제로 운영되는 커피하우스가 생겨났고 어떤 집단은 자신들만 이용하기 위해 커피하우스를 전세 내어 클럽하우스로 이용하기도 했다. 클럽과 클럽하우스의 탄생이었다. 이중 가장 유명했던 곳이 롬바드 가의 로이드 커피하우스였다. 주변에 선박회사와 보험회사가 있어서 관련 정보도 함께 모이기 시작했고 요즘 증권사 주변에서 '찌라시(일본어 찌라스[뿌리다]의 명사형으로 유인물을 지칭)'라 불리는 정보지가 도는 것처럼 커피하우스에서도 찌라시가 돌았다. 이에 주3회 항해와 보험 관련 정보지를 발행하다가

1813년에서 1834년까지 런던의 세인트 제임스 거리에는 두 곳의 클럽이 있었는데 가즈(Guards) 클럽은 전통 보수세력인 토리당을 지지했고 리폼(Reform) 클럽은 진보세력인 휘그당을 지지했다.

이후 매일 발행했고 이것이 1696년에는 '로이드 뉴스'로 발전한다. 이는 때로 정치적인 이유로 발간이 금지될 만큼 비중있는 신문이었고 1716년에는 '로이드 리스트'라는 이름으로 다시 발간을 한다. 그리고 로이드 커피하우스 클럽은 이후 로이드 보험회사로 발전하게 된다.

한편 매우 정치적인 클럽도 있었다. 1813년에서 1834년까지 런던의 세인트 제임스 거리에는 두 곳의 클럽이 있었는데 가즈(Guards) 클럽은 전통 보수세력인 토리당을 지지했고 리폼(Reform) 클럽은 진보세력인 휘그당을 지지했다. 변형(reform)이라는 이름에 맞게 세상을 변혁시키려는 진보적 클럽이 되기에 충분했고 가즈 클럽 역시 옛것을 지키려는(guard) 보수세력의 클럽에 걸맞는 이름이었다. 리폼 클럽은 본디 르네상스 시기의 팔라초를 모방하여 지은 주거용 건물이었다가 이후 커피하우스로 리폼(개조)되었는데, 1층에 식당, 서재, 커피룸이 있고 2층에는 살롱과 카드룸, 당구실, 사무실이 있었으며 지하에는 주방과 서비스 시설이 있고, 하인들의 침실은 다락에 있었다. 특히 여기에는 화장실과 엘리베이터, 온풍난방과 환기시설 등 당시로서는 혁신적인 설비시스템이 사용되었다. '리폼'이라는 말에는 변형 외에 혁신이라는 의미도 포함되는데 『80일간의 세계일주』에서 필리어스 포그가 온종일을 보내는 혁신클럽이 바로 이곳이었다.

클럽은 회비나 입장료를 내면 누구나 이용할 수 있었고 자유로운 토론이 가능했기 때문에 대중적인 공론의 장이 되었다. 18~19세기 영국은 명예혁명의 결실인 의회정치가 발전하면서 여론과 공론이 중요해지던 시기였다. 경제적으로는 식민지 개척과 산업혁명으로 인해 국부가 증가하면서 은행, 보험, 증권거래 등의 금융업이 발달하고 있었다. 이전에 없었던 새로운 직업이 생겨나면서 중세의 길드를 대체할 만한 새로운 네트워크가 필요해졌다. 그것이 클럽이었고 커피하우스와 클럽하우스는 그 요람이었다. 뿐만 아니라 이곳에서 사람들은 신문을 읽었다.

1800년경이 되면 영국에는 일간신문이 비약적으로 증가한다. 이즈음 유럽에는 주간신문이 등장하기 시작했다. 상인이나 여행자, 외교관 등이 외국에서 듣고 본 바를 우편으로 본국에 보내면 그것을 정리하며 구독자에게 다시 우편으로 배달하는 방식이었다. 매일 발간하기가 어려워 일주일에 한 번 발간했고 구독료도 매우 비쌌다. 그런데 이 시기 영국에서만 12면짜리 일간신문이 매일 발행되었고 때로는 일간신문이 석간과 조간으로 하루에 두 번 발행되기도 했다. 당시 신문은 한 부에 4,000~5,000원 정도 했기 때문에 개인이 구독하기에는 부담스러워 신문을 읽기 위해 커피하우스에 가기도 했다. 혁신클럽의 필리어스 포그가 《타임즈》와 《스탠더드》를 비롯하여 저녁식사 후에 《모닝 크로니클》이라는 조간을 읽을 수 있었던 것도 이 때문이다. 실제 《모닝 크로니클》은 휘그당의 기관지 성격을 띠고 있었다. 물론 가즈 클럽에서는 토리당의 입장을 대변하는 보수언론인 《모닝 포스트》나 《모닝 헤럴드》를 구독하고 있었을 것이다. 또한 커피하우스는 지성의 산실 역할도 했다. 그곳에서 마시는 음료는 커피, 차, 초콜릿이었기 때문이다.

지성을 일깨우는 카페인 음료

/

지금도 카페와 커피숍에서 가장 많이 팔리는 3대 음료는 커피, 차, 초콜릿(코코아)인데 여기에는 두 가지 공통점이 있다. 카페인을 함유하고 있다는 점이며 제국주의 시절 식민지에서 재배된 상업작물이라는 것이다. 카페인 음료는 본래 유럽에 존재하지 않았다. 유럽 문명은 헬레니즘(그리스 로마 문명)과 헤브라이즘(기독교 문명)에 기반하고 있는데, 이 문화권의 음료는 와인이다. 디오니소스 신은 와인의 신이었으며 예수가 최후의 만찬에서 사용한 음료 역시 와인이었다. 그리고 북쪽 게르만 문명의 음료는 맥주로서, 모두 다 알코올 음료들이다. 하지만 18세기 유럽에 처음으로 카페인 음료가 소개되기 시작했다. 커피의 원산은 중동지역으로서 일설에는 어떤 빨간 열매를 따 먹은 염소들이 밤새 잠을 자지 않고 흥분하는 것을 지켜본 목동이 직접 그 열매를 따 먹어보니 과연 놀라운 경지에 이르게 되었다. 이에 코란을 공부하는 아랍의 승려들이 밤새 자지 않고 정진하기 위해 그 열매를 볶아 우려 먹었으니 그것이 커피였다는 이야기가 전해진다. 이처럼 커피는 아라비아 반도가 원산이지만 지금 전 세계에서 생산되는 커피의 90% 이상이 브라질, 베트남, 에티오피아에서 재배되고 있으며 실제 아라비아산 커피는 5% 이하를 차지한다.

코코아라 불리는 초콜릿 역시 마찬가지이다. 본래는 고대 마야 문명에서 전사들에게만 제공되던 귀한 음료로서, 일반인들은 마실 수가 없어 신의 음료라 불렸다. 그런데 지금 코코아의 60~70%가 아프리카 가나에서 재배되며 실제 중앙아프리카에서 재배되는 코코아는 극히 미미한 양이다. 차도 마찬가지이다. 중국에서 승려들이 참선할 때 잠을 쫓기 위해 마시던 차는 당연히 중국이 원산지였다. 하지만 1848년에 영국인이 중국에서 밀반출한 차나무를 인도에 심으면서, 현재 차는 중국보다 인도에서 더 많이 재배되고 있다. 아라비아의 커피가 브라질과 베트남에서 재배되고, 중앙아메리카의 코코아가 아프리카 가나에서 재배되며 중국의 차가 인도에서 재배되도록 한 것은 제국주의의 손길이었다. 유럽의 식민지배는 그 나라의 경제력을 착취하는 것에 중점을 두었는데, 여기에는 광물이나 삼림 등 천연자원을 남획하는 것도 있지만 농경지에 상업작물을 재배해 비싼 값에 되파는 것도 해당한다. 인도에는 본래 자국민이 먹고 살기 위한 밀과 쌀이 논밭에 심어져 있었지만 곡식 대신 차를 재배하면서 인도인들은 식량을 돈을 주고 사 먹게 된다. 뿐만 아니라 인도인이 재배한 찻잎은 헐값에 팔리고 대신 영국에서 재가공한 홍차를 비싼 값에 사 먹도록 구조화되는 것이 식민지 배이다.

아랍의 커피가 지구 반대편인 브라질에서 재배된 이유는 당시 브라질이 포르투갈의 식민지였기 때문이며 베트남에서 재배되는 이유 역시 베트남이 프랑스 식민지였기 때문이다. 코코아 또한 프랑스 식민지 시절 아프리카 가나에서 재배되기 시작했다. 이렇듯 식민지에서 상업작물로 재배된 커피, 차, 코코아가 세련되게 가공되어 팔릴 장소가 필요해졌으니 그곳이 바로 커피하우스와 카페였다. 그리고 또 하나의 식민지용 상업작물인 설탕이 있었다. 지금도 녹차를 마실 때면 따로 설탕을 넣지 않고 맑게 우려 마시듯 아랍의 승려와 학자들은 커피에 설탕을 넣지 않고 마셨다. 마야족의 전사 역시 코코아는 전쟁 전에 마시는 의례화된 음료였기 때문에 설탕을 넣지 않았다. 그런데 녹차가 영국에 건너가 홍차가 되면서 설탕과 우유를 넣어 마시게 되었고 커피 역시 설탕과 우유를 넣어 마셨으며 코코아는 아예 설탕과 우유를 듬뿍 넣은 초콜릿이 되었다. 본래 코코아는 몹시 쓰다. 대형 마트에서 파는 99% 카카오 초콜릿을 먹어보면 얼마나 쓴지 알 수 있는데 마야의 전사들이 마시던 쓰디쓴 음료가 달달해지기까지 얼마나 많은 설탕이 들어갔는지를 짐작할 수 있다. 설탕의 원재료인 사탕수수 역시 제국주의 시절에 심어진 상업작물이었다. 본래는 인도네시아가 원산이었지만 이후 브라질을 비롯한 남아메리카에서 재배되면서 소비를 촉진시키기 위해 각종 음료에 넣어 마시기 시작했다.

설탕과 우유가 듬뿍 들어간 커피와 차, 초콜릿은 카페인이 잠을 쫓고 설탕과 우유가 에너지원이 되면서 점차 노동자 계층에 전파되었다. 설탕은 고대 인도에서만 정제하는 법을 알고 있었기에 우리도 조선시대까지는 약재로 쓰일 만큼 귀하고 값진 것이었다. 하지만 식민정책과 산업혁명으로 인해 설탕이 대량생산되면서 노동자의 음식이 되어갔다. 17세기에는 희귀품이었고 18세기에는 호사품이던 설탕이 19세기가 되어서는 일상적인 음식이 되어갔다. 예전에는 설탕을 가장 많이 소비하는 계층이 부유층이었다가 산업혁명이 일어나는 1850년대 이후에는 노동자들이 가장 많은 설탕을 소비하는 것으로 조사된다. 밀가루와 설탕이 주 원료인 케이크와 도넛, 여기에 또 설탕과 카페인이 들어간 커피와 홍차는 가장 싼값으로 허기와 잠을 쫓아줄 노동자의 식사가 되었다. 고기와 채소 비율이 높은 양질의 식사 대신 설탕과 밀가루로 이루어진 탄수화물 위주의 값싼 식사가 노동자에게 주어졌다.

프랑스의 카페

/

본디 프랑스의 살롱을 대체할 영국신사들의 문화가 클럽이었고 클럽활동을 담을 만한 장소로서 클럽하우스, 커피하우스가 생겨났다. 비슷한 시기 프랑스에도 영국의 커피하우스와 비슷한 카페가 생겨나기 시작했다. 루이 14세의 통치기에 파리에는 380여 군데의 카페가 있었다. 귀족들은 오텔에 거주하면서 주택 내에 살롱을 둘 수 있었지만, 아파르트멍에 거주했던 부르주아들에게는 따로 살롱을 마련하기가 어려웠다. 이런 경우 외부의 카페를 이용하면서 카페가 증가했다.

영국의 커피하우스와 프랑스의 카페는 비슷한 것 같지만 다른 점도 있었다. 프랑스식 살롱문화가 없었던 영국에서 커피하우스는 살롱의 역할을 대신하는 성격이 강했다. 중산계층인 젠트리가 주된 이용계층이었으며 선별된 집단이 드나들었고 회원들의 친목과 교류가 중시되었다. 클럽이나 커피하우스에서 하는 일은 신문이나 잡지를 읽거나 토론하는 일이었다. 그에 비해 프랑스의 카페는 좀 더 대중적이었다. 프랑스 카페의 특징 중 하나는 카페 콩세르(cafe concert)의 발달이었다. 콘서트 카페 혹은 음악카페라고 할 수 있는데, 음악과 공연이 가능한 카페이자 요즘도 더러 볼 수 있는 통기타에 맞추어 가수가 노래를 불러주는 카페와 비슷했다. 그런데 노래는 때로 저항적인 성격을 띠기도 했고 공연 역시 패러디나 정치풍자극을 빗댄 코미디가 많았다. 영국의 커피하우스가 신문과 잡지를 매개로 하는 대중언론의 산실이었다면, 프랑스의 카페는 노래와 공연을 중심으로 하는 또 하나의 소통창구가 되어갔다.

이러한 노래들이 갑자기 많이 불리기 시작한 것은 프랑스 대혁명 직전이었다. 약 2,500여 곡의 민중가와 혁명가가 생겨났다. 물론 이 많은 노래들이 모두 창의적으로 작곡된 것은 아니고 대개는 기존에 존재하던 노래에 가사만 바꿔 부르는 것이 많았다. 우리나라도 대학가에서 민주화 운동을 많이 하던 1980년대 많은 민중가요들이 불렸고 그중에는 익숙한 곡조에 노래가사만 바꾸어 부르는 이른바 '노가바'가 많았던 것과 동일한 현상이다. 이러한 민중가와 혁명가가 자주 불리던 곳이 18세기 말 파리의 카페였다. 프랑스 혁명 직전 카페는 저항적 지식인이 모이는 장소가 되어갔다. 마침내 1789년 7월 12일, 데블랭이 '카페 드 포아' 앞에서 파리시민에게 무기를 들라고 호소했고 이틀 후인 14일에 바스티유가 함락되었다. 그리고 당시 혁명군들이 부르던 민중가 중 하나였던 〈라 마르세이유〉는 현재 프랑스 국가가 되었다.

이후 19세기가 되면 카페 콩세르는 더욱 대중화되어 카바레(cabaret)가 등장하게 된다. 카바레는 본디 포도주 창고, 선술집 이라는 뜻인데 저렴한 가격에 술을 판매한다는 점에서 영국의 펍(pub)과 비슷했다. 펍은 집 밖에 마련된 공적인 장소라는 의미의 퍼블릭 하우스(public house)의 줄임말로, 클럽하우스처럼 비싼 입장료나 회원제로 운영되지 않았다. 누구나 들어갈 수 있는 동네 간이주점과 비슷했다. 주류를 함께 팔았고 서재 대신 당구대가 있었으며 신문과 잡지 대신 라디오와 TV가 있어 훨씬 대중적이었다. 노동자와 대중을 위한 장소로서 영국의 펍, 프랑스의 카바레가 19

카바레에서는 음료를 주문하면서 쇼를 관람했는데, 차 한 잔을 시켜놓고 자리를 너무 오래 차지하지 못하도록 30분 혹은 1시간 간격으로 추가주문을 받았다.

세기 말부터 크게 유행했다. 그중 가장 유명한 곳이 파리 몽마르트에 있는 물랭 루즈((Moulin Rouge, '붉은 풍차'라는 뜻, 1880년), 샤 누아(chat noir, '검은 고양이'라는 뜻, 1881년)였다. 각각의 이름이 붉은 풍차, 검은 고양이라는 것에서 알 수 있듯이 상당히 대중성을 추구했다. 실제 몽마르트는 19세기 유명한 환락가 중 하나였다.

카바레에서는 음료를 주문하면서 쇼를 관람했는데, 차 한 잔을 시켜놓고 자리를 너무 오래 차지하지 못하도록 30분 혹은 1시간 간격으로 추가주문을 받았다. 1885년이 되면 파리에는 360여 개의 카바레가 직공, 사무원, 노동자 등을 상대로 성업하였다. 그중 1868년에 개장한 알함브라 카바레에서는 여자 무용수들이 다리를 번쩍번쩍 들어올리며 속옷을 보여주는 캉캉춤을 추었던 것으로 유명하다. 물론 물랭루즈는 지금도 성업 중이며 캉캉은 굳이 파리까지 가지 않아도 얼마든지 볼 수 있는 춤이 되었다. 쇼와 춤을 구경하는 카바레가 있었다면 직접 춤을 추는 카바레 일명 댄싱 카바레, 무도 카바레도 있었다.

남녀가 서로 손을 잡고 추어야 하는 춤의 특성상, 18세기까지 춤에는 엄격한 계층구분이 존재했다. 귀족들에게 춤은 실내에서만 일어나는 정중한 사교적 의례여서, 어릴 때부터 가정교사에게 배웠다. 성인이 되어서야 무도회에 참석할 수 있었는데 무도회를 개최하자면 주택에 큰 홀이 있어야 했기 때문에 귀족만 가능했다. 대신 하층농민들은 축제 때 마을 공터에서 춤을 추었다. 따라서 춤을 야외에서 노출된 상태로 춘다는 것은 점잖치 못한 일로 간주되었다. 그렇다면 집에 큰 홀을 갖추지 못한 중간계급의 수요에 맞추어 댄싱 카바레가 등장했다. 입장료를 내고 들어가 춤을 추는 요즘의 클럽과 비슷했다. 본래는 춤출 때 음악을 연주하기 위한 소규모 악단이 있었는데 20세기에 들어 축음기가 발달하면서 레코드 디스크(요즘의 LP판)가 등장하자 점차 악단이 필요 없게 되었다. 이것도 결국 기계가 인간의 노동을 대체하는 현상인데, 카바레에는 차츰 악단이 사라지고 대신 축음기와 노래가 담긴 디스크를 쌓아놓기 시작하면서 디스코텍(discothèque)이 되었다. 프랑스어에서는 도서관을 비블리오텍(bibliothèque)이라고 하는데, 말 그대로 '책(bible, 예전에 책은 곧 성경을 의미했음)을 쌓아놓은 곳'이라는 의미이다. 디스코텍 역시 '레코드 디스크를 쌓아놓은 곳'이라는 의미로, 1960~70년대부터 기존의 댄싱 카바레를 대체하기 시작했다.

춤의 형식도 조금 달라지기 시작했다. 본래 춤은 상류계층에서는 사교적 의례이자 농민계층에서도 집단적 의례여서 남녀가 서로 손을 잡고 추는 것이 일반적이다. 그런데 악단 대신 축음기가 음악을 생산하는 디스코텍에서 남녀가 서로 손을 잡지 않은 채 혼자 추는 춤이 등장했다. 이전까지 한 번도 볼 수 없었던 새로운 양상의 춤, 디스코텍에서 처음 등장했던 춤을 이후 '디스코'라 부르게 되었고, 음악을 선별하여 디스크를 갈아 끼우는 새로운 직업군 일명 '디스크자키, DJ'도 생겨났다. 부르주아와 노동자들이 디스코텍에서 함께 디스코를 추기 시작하면, 기존의 카페 콩세르와 카바레가 가진 저항적 성격은 완전히 상실하게 된다. 카페 콩세르에서는 이제 더 이상 민중가나 혁명가가 불리는 대신 대중성이 강한 '샹송'이 불리기 시작했고, 이후 더 많은 디스크자키들이 활동하는 미국으로 건너가 '팝송'이 되었다. 파퓰러 송(popular song), 말 그대로 대중가요가 된 것이다.

요약하자면 영국의 클럽 문화가 커피하우스와 카페로 대중화되었고 이것이 펍, 카바레 등으로 노동자 계층에게까지 전파된다. 본디 귀족을 모방한 부르주아 문화이던 것이 노동자와 학생을 위한 대중문화가 되었는데, 21세기인 지금 파리의 카페는 가장 대중적인 공간이 되었다. 파리에서 카페가 급증하기 시작한 것은 20세기 초반으로, 1차대전 직전 카페는 48만 군데, 2차대전 직전에는 50만 군데에 이르렀다. 평균 인구 100명당 카페가 하나씩 있었던 셈인데 특히 노동자들이 많은 곳에서 카페가 급증했다. 19세기 말에 생겨난 대표적인 공업도시 루베에서는 50명당 하나씩 카페가 있었으니, 주택 10채당 카페가 하나씩 있었다는 셈이다. 비정상적으로 보일 수도 있지만 여기에는 필연이 존재한다. "빈자들은 집에서 사는 것만큼이나 동네에서 산다"라는 말이 있다. 부자들의 경우에는 주택 자체에 완결성이 높아서 모든 것을 집안에서 해결할 수 있지만 빈자의 주택은 완결성이 부족하기 때문에 외부활동을 동네에서 해결한다는 뜻이다. 남성들이 주로 펍, 포장마차, 선술집 하다못해

구멍가게 앞에 내놓은 파라솔의자 아래에서 시간을 보낼 때 여성들은 동네 우물가에서 수다를 떨며 아이들 역시 골목길을 뛰어다니는 것은 동서양의 공통된 현상이다. 이 모습이 19~20세기 파리에도 재현된 것이다.

19세기 산업혁명으로 등장하게 된 노동자 계층은 20세기에 들어 기계를 돌리는 생산직 대신 사무직 노동이 증가하면서 근로자 혹은 직장인이라는 이름으로 불리게 되었지만 고용주에게 고용되어 일한다는 점에서 동일하다. 유일하게 주어지는 점심시간에 최대한 햇빛을 쬐며 자유시간을 만끽하려는 이 모습은 21세기 서울에서도 진행 중이다. 종로나 여의도, 강남대로 등 업무지역의 점심시간에 나가보면 다들 카페에 삼삼오오 모여 앉아 있는 것을 볼 수 있다. 점심은 편의점에서 라면과 김밥으로 때우고 대신 커피 한잔을 놓고 앉아 짧은 점심시간을 만끽하려는 모습은, 잠을 쫓고 허기를 채우기 위해 설탕이 듬뿍 든 케이크와 커피로 점심을 대신하던 19세기 공장 노동자의 모습과 겹쳐진다.

뿐만 아니라 이제는 대학가의 이면도로와 주택가의 골목길에도 카페가 생기고 있다. 파리에서 아파르트멍 1층은 대개 카페인 것처럼, 도심 골목길의 3~4층짜리 상가주택 1층에 자리잡은 동네 카페가 자리잡는다. 남편과 아이들을 직장과 학교에 보낸 주부들이 카페로 마실을 나왔고, 그 옆에서는 학생들이 책을 펼쳐놓고 공부 중이다. 이 모두는 본래 집에서 행해지던 일이었다. 그러나 주택이 점점 좁아지면서 대부분의 공간은 침실과 주방으로 채워지고 그 외의 다른 공간이 부족해진 것이다. 그렇다면 잠자는 행위 이외의 다른 행위는 외부에서 유료로 해결해야 하는 것이다. 주부들은 모여 앉아 이야기를 나누며 학생들은 공부를 하고 그 옆에 아이들도 그림책을 펼쳐 놓고 있는 모습, 바로 외부공간의 사적화이다.

요약하자면 왕을 중심으로 하는 궁정문화에 대한 반발로 시작된 귀족들의 문화가 17세기의 살롱문화였고 이후 영국에 등장한 신흥 중산층인 젠트리들의 문화가 클럽문화였으며 이것이 20세기에 들어서는 노동자를 위한 카페문화로 변형되었다. 문화의 트리클다운 현상이 여기서도 또 한번 반복되고 있다.

4

어떻게 먹느냐가 계급을 알려주는 시대

레스토랑과 패스트푸드

서울 강남에 자리잡은 고급 호텔에서 친지의 결혼식이 있었다. 자리에 앉아 테이블 위에 놓인 종이를 펼쳐보니 1. 전복과 새우 냉채, 2. 은대구 구이와 이색 전유화, 3. 안심 너비아니, 4. 모둠나물 비빔밥과 건새우 된장국, 5. 잔치국수, 6. 단호박 과편과 강정, 7. 오미자 주스로 이어지는 코스요리의 7가지 식순(食順)이 식순(式順)처럼 적혀 있다. 이윽고 검정색 양복에 나비 넥타이를 맨 직원들이 음식이 담긴 접시를 들고 줄줄이 입장하기 시작한다. 한식과 양식의 기묘한 조합이다. 우리는 언제부터 이러한 식사를 하게 되었을까. 한 상 푸짐하게 차려 나오는 것이 한식이요, 코스요리로 조금씩 내오는 것이 양식이라는 이분법을 너머, 한상차림보다는 코스요리가 더 세련되고 멋있는 것이라는 이분법은 어디서 생겼을까.

똑같은 음식이라도 그것을 어떻게 차리느냐에 따라 계층구분의 지표로 작용할 때가 있다. 그렇다면 음식이 이렇게 정교한 의례를 갖추게 된 것은 언제부터였을까.

돌고래와 공작새가 나오는 중세의 요리

/

요즘 인스타그램이나 개인 블로그에는 음식사진이 많이 올라오고 또한 요리책도 많아서 200~300년 후의 후손들은 지금 우리가 어떤 요리를 먹었는지 쉽게 재현해낼 수 있을 것이다. 하지만 거꾸로 거슬러올라가 중세인들이 어떤 요리를 먹었는지 그 음식을 그대로 재현하기는 어렵다. 중세에는 요리책이 발간되지 않았기 때문이다. 당시의 책은 라틴어로 기록된 성경을 비롯한 종교서적이 대부분이었고 기독교의 7가지 죄 중 맛있는 음식을 탐하는 탐식이 포함되어 있어서, 성스러운 라틴어로 음식을 만드는 방법을 기록한다는 것은 불경스러운 일이었다. 다만 몇몇 사료에 부분적으로 전해지는 것이 있다.

1466년경 프랑스의 에드워드 4세가 대법관을 위한 만찬을 베풀었는데 그때 사용된 식재료의 목록에는 황소, 들소, 양, 돼지를 비롯하여 물새, 거위, 메추리, 공작새, 두루미, 해오라기, 자고새 등의 온갖 새들, 사슴과 노루, 산토끼와 같은 들짐승들, 잉어, 돌고래, 바다표범 등 많은 종류의 고기가 열거되어 있다. 이 모두는 직접 사냥으로 잡은 것이었다. 현대의 식탁에 올라오는 육류는 농장에서 식용으로 길러진 것이지만 중세에는 반대로 사육된 가축보다 사냥으로 잡은 고기가 더 많았다. 뿐만 아니라 요리의 모습도 지금과는 달랐다. 돌고래, 바다표범, 공작새, 사슴 등 모든 동물은 한 마리가 온전히 그 모습을 유지한 채 구워졌다. 특히 새의 경우에는 머리와 다리를 미리 잘라두었다가 몸통을 구어 요리를 낼 때 머리와 다리를 다시 붙이고 본래 깃털로 화려하게 장식을 하여 되도록 살아 있을 때의 모습에 가깝도록 재현을 했다. 지금 치킨을 주문했을 때 닭이 그런 식으로 배달된다면 몹시 놀랄 것이다.

중세에는 공작새나 두루미처럼 큰 새를 특히 선호했고 자르지 않고 통째로 구워 식탁에 올렸기 때문에 서너 사람 당 한 마리가 주어졌다. 그리고 향신료가 매우 많이 사용되었다. 후추와 육두구를 비롯하여 설탕을 많이 사용하였는데 이는 모두 동방에서 수입되는 값비싼 향신료였다. 색깔에도 주력을 하였는데 황금색을 선호하여 밝은 노란색을 내는 사프란을 많이 사용했고 때로 금박이나 청금석 같은 금속성분이 사용되기도 했다. 이러한 식사들은 왕족과 귀족이 주최하는 연회였기 때문에 먹기 위한 목적보다는 보여주기 위한 목적이 컸을 것이다. 즉 무엇을 어떻게 먹느냐를 여러 사람들에게 보여주면서 권력을 재확인하는 자리였던 것이다.

사냥에서 잡았던 짐승들이 많이 사용된 것도 이 때문이다. 사냥을 하려면 짐승들이 뛰노는 방대한 영지가 있어야 했으므로 중세 시대 사냥은 왕과 귀족의 특권이었다. 14세기를 배경으로 하는 로빈훗의 이야기가 당시의 상황을 보여준다. 로빈훗은 숲속에서 사냥을 하며 살아가는 밀렵꾼인데 그가 사냥을 하는 곳은 왕의 숲이

섬세하고도 미묘한 음식의 맛을 제대로 구분해내자면 어릴 때부터 좋은 음식을 먹으며 훈련 받아야 했으니, 비싸고 귀한 요리의 맛을 구분해내는 것은 부의 과시였다. 앙리 브리스포의 <미식가>.

다. 울창한 숲과 명산이 요즘은 다 국유지이자 국립공원으로 지정되어 있듯이 중세에는 모두 왕의 소유여서 일반인은 접근조차 할 수 없었다. 그런 숲에서 사냥을 한다는 것은 왕권에 대한 저항이자 기득권에 대한 조롱이었고 그래서 의적 홍길동이나 괴도 루팡처럼 로빈후드도 불법 밀렵꾼이 아닌 낭만적인 영웅으로 묘사되어 있다. 하지만 로빈후드는 현실에서 존재하기 어려웠고 다만 민중들은 왕과 귀족의 만찬 테이블에 올려진 고기를 놀란 눈으로 바라볼 뿐이었다. 권력을 과시적으로 보여주기 위해서는 토끼나 비둘기처럼 작고 흔한 동물이 아닌, 몸집이 크고 사냥하기 어려운 동물일수록 좋았다. 힘들게 잡은 귀한 짐승이었으니 자르거나 토막을 치는 대신 통째로 구운 다음 동방에서 수입한 설탕과 향신료, 금박을 듬뿍 뿌려 올렸다. 그 모든 것을 한꺼번에 보여주기 위해 한 상 떡 벌어지게 차려 올렸다. 이러한 중세의 요리가 현대와 비슷해지는 것은 17세기인 바로크시대에 이르러서였다.

바로크시대의 요리

/

1650~1670년대에 프랑스 요리는 큰 변혁을 겪게 된다. 그 진앙은 베르사유였다. 두루미와 공작새, 돌고래, 바다표범 등이 자취를 감추고 메추리와 비둘기, 소고기, 양고기 같은 식용가축이 식탁에

오르게 된다. 음식에 설탕을 과다하게 넣는 것이 사라지고 대신 적절한 소금을 넣기 시작하면서 모든 요리에서 소금은 가장 기본적인 간이 된다. 보여주기 위한 과시적인 요리에서 맛을 중시하는 요리로 변화하면서 중세의 대식가를 대체하는 미식가가 등장했다.

중세에는 음식 자체가 비싸고 귀했기 때문에 값비싼 음식을 마음껏 먹는다는 것이 중요했다. 그러나 바로크시대에 오면서 적은 양을 고급스럽게 먹는 미식이 등장한 것이다. 섬세하고도 미묘한 음식의 맛을 제대로 구분해내자면 어릴 때부터 좋은 음식을 먹으며 훈련 받아야 했으니, 비싸고 귀한 요리의 맛을 구분해내는 것은 부의 과시였다. 요리가 생활예술의 한 분야로 발달하면서 17세기 중반이 되면 요리책이 등장하는데 1651년부터 프랑스 대혁명이 일어나는 1789년까지 프랑스에서 요리책만 230여 종이 발간된다. 때맞추어 중국에서 비단과 함께 도자기가 수입되면서 차이나가 곧 도자기를 일컬을 만큼 유럽은 중국산 도자기에 열광한다.

그전까지 유럽에서 왕과 귀족들은 은식기를 사용했는데 값이 매우 비싸서 일반 서민들은 나무그릇을 사용했다. 그릇이 모자라서 큰 연회를 열 때면 팬케이크 같은 밀전병을 커다랗게 구워 그 위에 고기요리를 올리곤 했다. 귀족들이 고기만 뜯어먹고 나면 그 아래 조금 남은 고기와 육즙이 묻은 팬케이크는 하인들의 몫이었다. 그리고 이는 현재 크레페나 와플 같은 음식으로 남았으며 아이스크림을 담아주는 깔때기 모양의 콘으로 그 흔적이 남아 있다. 그런데 중국산 도자기가 수입되면서 식탁은 화사하게 변했고 포크와 나이프 같은 커트러리가 보편화되었다. 그 이전까지 음식은 손으로 먹었으며 큰 고기를 자르는 것은 남자의 특권이자 아량이었다.

중세시대 남성들은 호신용 칼을 가지고 다녔는데 귀족들은 실용적인 단검 외에 보석과 금은으로 장식한 신분과시용 대검을 허리춤에 차기도 했다. 다만 신분이 낮은 농민이나 성직자, 여성들은 칼을 소지하지 않아서 통째로 구워 나온 커다란 고기를 단검으로 잘라 골고루 나누어주는 것은 남자의 미덕이었다. 칼뿐 아니라 식사시에 필요한 포크와 스푼도 가지고 다녔다. 부유한 사람들은 은으로 만든 전용 커트러리를 가지고 다녔는데, 바로크시대 커트러리가 보편화되면서 주인이 제공한 포크가 식탁 위에 올랐다. 나이프 역시 훨씬 작고 무디게 만들어져 음식을 써는 전용 나이프가 되면서 모두에게 골고루 지급되었다.

서양식 식사예절을 소개하는 글을 보면 테이블 위에 포크와 나이프가 서너 개씩 놓여 있고 숟가락도 두세 개가 놓인 것을 볼 수 있다. 생선과 육류를 자르는 나이프를 구분하고 고기요리와 후식을 먹는 포크를 구분하며 수프와 아이스크림을 먹는 스푼을 구분하는 것은 바로크시대 과시적 궁정문화의 영향이다. 각자 개인별로 가지고 다니던 은제 커트러리를 개인에게 제공하는 것은 부의 과시였고 개인당 하나가 아닌 서너 개씩 제공하는 것이 그 우월적 지위를 과시하는 데 훨씬 효과적이었다. 서너 개씩 놓인 포크와 나이프를 구분해서 사용하는 것 역시 미식과 더불어 어릴 때부터 제대로 교육받았음을 보여주는 지표가 되었다. 한편 이즈음 서빙방식에서도 큰 변화가 있었으니, 코스요리의 등장이었다.

프랑스식 접대 vs 러시아식 접대

/

스프가 나오고 샐러드와 빵이 나오고 다음으로 메인 디쉬인 고기요리가 나오고 마지막으로 후식이 나오는 프랑스식 코스요리에 익숙해진 우리는 그것이 본래 프랑스식이라고 생각하지만, 프랑스 아니 전 유럽을 통틀어서 18세기까지 그런 접대방식은 없었다. 오히려 한상차림이 일반적이었다. 1742년 프랑스에서 출간된 『현대요리사(La Cuisinier moderne)』에 소개된 테이블 세팅을 보면 메인 디쉬인 송아지 고기 요리가 담긴 큰 접시가 한가운데 있고 양 옆으로 수프가 담긴 찜기가 하나씩 놓여 있으며 그 주변으로 전채요리를 담는 6개의 접시가 대칭적으로 배열되어 있다. 그리고 각 자리에는 개인접시가 있어 음식을 덜어먹게 되어 있었다. 메인 디쉬와 2종류의 수프, 6종류의 전채요리가 한꺼번에 놓여 있는데 이것이 바로 18세기에 정형화된 프랑스식 접대방식 즉 서비스 아 라 프랑세(Service a la Francaise)였다.

그런데 19세기 무렵 새로운 방식이 도입된다. 수프가 먼저 나오고 전채가 나오며 메인 디쉬가 나오는, 먹는 순서에 따라 음식이 나오는 코스요리 방식이었다. 이는 러시아에서 수입되었기 때문에 러시아식 접대방식 즉 서비스 아 라 뤼세(Service a la Russe)라 불렀다. 추운 나라였던 러시아에서 따듯한 음식을 제때에 내기 위해 이런 방식을 사용했던 것으로 보인다. 프랑스에 이 방법을 처음 도입했던 사람은 나폴레옹 시대의 요리사 마리 앙투안 카렘(Marie-Antoine Carême)이었는데, 처음에는 낯설고 불편했지만 이후 한상차림의 프랑스식 접대방식을 대체하면서 전 유럽으로 퍼지게 되었다. 코스요리는 서빙하는 데 하인이 필요하기 때문에 한상차림보다 훨씬 더 많은 부를 과시할 수 있었다.

19세기의 유럽은 산업혁명이 일어나서 곳곳에 공장이 세워지고 공장에서 생산된 공산품을 팔기 위한 백화점이 생기던 때였다. 새로운 일자리가 생기자 기존의 하인들이 공장과 백화점의 직원으로 이동하면서 하인의 급료가 비싸지고 있었다. 이럴 때 하인의 서비스가 필수적인 코스요리는 베블런의 '과시적 소비'의 한 지표였다. 요리 혹은 음식문화라고 하는 것은 언제나 계층구분의 지표로 작용했다. 중세시대에 자신의 사냥터에서 잡은 짐승으로 대접하던 것이나 바로크시대에 요리를 비싼 은제그릇에 담아 한 상 가득 펼쳐놓았다면 식재료의 가격보다 하인의 임금이 비싸지는 19세기에 코스요리가 등장한 것은 당연한 일이었다. 일상적인 식사와 구분

프랑스에 러시아식 접대방식을 처음 도입한 이는 나폴레옹 시대의 요리사 마리 앙투안 카렘이었다. 처음에는 낯설고 불편했지만 이후 한상차림의 프랑스식 접대방식을 대체하면서 전 유럽으로 퍼지게 되었다. 그림은 그가 만든 케이크 디자인들.

되는 만찬과 접대는 계층구분의 지표로 작용하는데 이 역시 상류층의 문화를 그 아래 중산층이 모방하게 된다. 18~19세기에 새롭게 등장한 신흥중산층은 영국의 젠트리와 프랑스의 부르주아였는데 이 중 젠트리가 남성 중심의 클럽문화를 발달시켰다면 프랑스의 부르주아는 이에 상응하는 남녀공용의 레스토랑 문화를 발달시키게 된다.

파리의 레스토랑

/

백화점과 레스토랑은 19세기 프랑스 소비문화를 이끌었던 양대 축이다. 이 중 최초의 백화점은 1851년의 봉 마르셰 백화점이라는데 이견이 없지만, 소규모였던 레스토랑은 그 최초가 어디였는지 조금 의견이 엇갈리는 편이다. 대략 1765년 루브르가 11번지에 개업한 '브랑제' 레스토랑, 1766년 마튀랭 로즈 드 샹투아조가 파리에 개업한 레스토랑 등을 꼽을 수 있다. 레스토랑의 어원은 rest(영. 휴식), restore(영. 회복하다), restrauration(프. 회복, 복원) 등이며, 또한 '레스토라티프'라는 음식이름에서 유래하기도 한다. 닭고기나 고기 국물로 만든 묽은 수프를 레스토라티프라 불렀는데, 이것을 파는 음식점이었다는 뜻이다. 지금도 휴게소, 휴게음식점 등을 rest area, resting place라고 하듯 '음식을 제공하는 휴게소'가 레스토랑의 가장 정확한 뜻일 것이다.

1765~66년 파리에 처음으로 생긴 레스토랑은 프랑스 대혁명 직전까지는 100개를 넘지 않았으나 혁명 직후인 1804년에는 500여 개 그리고 1834년에는 2,000여 개로 급증하게 되며 1835년에는 '레스토랑'이라는 단어가 사전에 등재된다. 당시의 레스토랑들은 주로 팔레 루아얄 근처에 집중되어 있었다. 팔레 루아얄(Palais-Royal)이란 로열 팰리스(Royal Palace)라는 뜻으로 본래는 루이 13세 시절의 재상이었던 리슐리외 경의 저택이었다가 이후 왕실 소유가 되었다. 태양왕 루이 14세가 소년시절에 잠시 거주했으며 이후에는 그의 동생인 오를레앙 공작이 거주하면서 팔레 곧 궁전이라 불리게 되었다.

프랑스 대혁명 후 이곳에 레스토랑이 즐비하게 된 이유는 본래 궁정과 귀족사회에 종속되어 있던 요리사들의 레스토랑 개업이라 할 수 있다. 살롱문화를 보아서도 알 수 있듯이, 당시는 손님을 초대해 식사를 대접한 뒤 살롱으로 자리를 옮겨 이야기를 나누는 문화가 일반화되어 있었다. 따라서 귀족가문이라면 전속요리사가 있었는데 대혁명 후 귀족이 몰락하면서 요리사도 일자리를 잃게 되었고 이들이 시내에 레스토랑을 개업한 것이다. 아울러 때맞추어 등장한 부르주아들은 기존의 귀족문화를 맛보고 싶어했다. 집안에 전속 요리사를 둘 수 없었던 이들은 레스토랑에 가는 것을 선호했다.

레스토랑의 특징은 함께 온 사람들과 작은 테이블에 둘러앉기,

본디 레스토랑의 목적이 궁정에서만 먹을 수 있던 궁정요리를 신흥 부르주아도 맛보게 한다는 것이었기 때문에 철저히 음식의 맛과 요리문화에 집중되어 있었다.

원하는 메뉴의 선택형 주문, 주문한 음식값만 지불하기 등이라 할 수 있다. 지금은 너무 당연하다고 생각되는 문화가 그 이전에는 존재하지 않았다. 레스토랑이 생기기 전의 식사는 타블 도트(table d'hote) 혹은 트래퇴(traiteur)라 불리는 곳에서 했다. 중앙의 큰 테이블에 음식이 미리 차려져 있고 가격은 1인당 얼마라고 정해져 있어 손님들은 각자 개인접시에 음식을 덜어다가 먹는 형식이었다. 주로 점심식사 시간에 맞추어 2~3시간 정도만 문을 열었는데 준비된 음식이 다 떨어지면 더 일찍 문을 닫기도 했다. 요즘의 뷔페 식당과도 비슷한데 중세시대 순례자들에게 식사를 제공하는 방식에서 유래했다.

하지만 레스토랑은 친지나 연인, 가족들과 함께 가서 웨이터의 안내에 따라 소규모 테이블을 따로 배정받은 뒤 원하는 메뉴를 개인별로 주문한다. 수프와 빵은 무엇으로 할지, 고기는 어느 정도로 익힐지 철저히 개인 맞춤형 식사를 하지만, 그러나 옆 테이블에 누가 앉았는지 그들이 무슨 이야기를 나누는지 전혀 신경쓰지 않는다. 음식의 맛에 집중하는 것, 이것이 레스토랑이었다. 본디 레스토랑의 목적이 궁정에서만 먹을 수 있던 궁정요리를 신흥 부르주아도 맛보게 한다는 것이었기 때문에 철저히 음식의 맛과 요리문화에 집중되어 있었다. 살롱에서 식사를 대접하는 관습이 있던 프랑스에서 요리문화는 사회계급을 드러내는 하나의 지표가 되곤 했다. 그래서 전속 요리사를 따로 두어야 했는데 이는 설거지와 허드

렛일을 하는 하녀보다 훨씬 높은 급료를 받았다. 하지만 도심중산층인 부르주아가 성장하면서 전속 요리사를 두는 대신 손님접대는 외부의 레스토랑을 이용하게 된다. 이후 살롱문화가 사라지고 레스토랑 문화가 들어서면서 레스토랑에도 몇 가지 계급이 드러나기 시작했다.

최고급 레스토랑으로는 아 라 카르트(a la carte)가 있어 고급요리인 오트 퀴진(haute cuisine, 여러 코스로 제공되는 최고급 프랑스 요리)를 제공했다. 그 다음으로 조금 간단한 코스로 진행되는 일반 레스토랑이 있고 그보다 더 저렴한 식당으로 부이용(bouillons)이 있었다. 부이용이란 육류, 생선, 채소, 향신료 등을 함께 넣고 끓인 육수를 말하는 것으로, 일종의 맑은 수프이다. 프랑스에서 고기를 통째로 구워 먹는 것은 고급 음식에 속하고 끓여서 육수를 내어 먹는 것은 저렴한 음식에 속했다. 이곳보다 더 저렴한 식당으로는 맥주 같은 주류도 함께 제공하는 브라세리(brasserie)가 있었다.

레스토랑이 계층별로 분화하고 요리가 점차 중요해지면서 요리사의 존재도 함께 부각되기 시작했다. 프랑스가 미식의 나라가 되면서 전 세계로 레스토랑과 요리문화를 수출하게 된다. 18세기 말이 되면 파리의 레스토랑들은 관광명소가 될 정도였고 일종의 문화상품이 되면서 맛집을 찾아가는 여행 이른바 미식여행이 새롭게 등장하였다. 19세기가 되면 세계 각국에서 박람회가 개최되기 시작하는데 수백만 명의 사람들에게 외국의 산업과 문화를 소개하는 자리에 파리의 레스토랑이 소개되기도 했다.

영국과 프랑스는 18~19세기 유럽문화의 주역이었지만 그 전개 양상은 조금 달랐다. 산업혁명이 일어났던 영국에서 산업시설과 클럽을 중심으로 하는 남성 위주의 생산문화가 발달했다면 프랑스는 명품산업과 백화점, 레스토랑 등으로 대표되는 여성 중심의 소비문화가 발달했다. 이와 함께 요리사가 자신의 이름을 내건 레스토랑을 개업하고 나아가 대중적 스타가 되기도 한다. 유명 레스토랑들은 미리 예약을 해야 갈 수 있고 음식값도 비싼 편이다. 고급 식재료를 사용하기 때문이기도 하겠지만 요리사의 급료와 명성 때문인 경우가 더 많았다. 그렇다면 레스토랑을 보다 더 대중화할 수는 없었을까? 요리사의 급료 때문에 음식값이 비싸다면 요리사 없는 레스토랑은 불가능한 것일까? 가능했다. 그것은 패스트푸드의 탄생이었다.

대중화되는 레스토랑

/

레스토랑이 등장하던 1760년대는 미식의 시대였다. 이전까지 타블 도트에 차려진 음식을 접시 가득 수북하게 담아 와서 먹는 행위에서 벗어나 섬세하게 차려진 음식을 조금씩 맛보는 양상으로 바뀌었다. 정찬의 풀코스는 7~8가지의 코스요리가 나왔기 때문에 식사는 2~3시간에 걸쳐 천천히 진행되곤 했다. 물론 그렇게 많은 요리를 일일이 준비해야 하는 주방은 바빴다. 요리사들은 하루 14시간 이상 일을 했고 창문이 없고 환기도 되지 않으며 화재위험까지 있는 주방에서 일을 하느라 탄광에서 일하는 광부보다 더 많은 직업병에 시달렸다. 가정에서 음식을 만드는 것은 여성이지만 세계적인 일류 요리사들이 남성인 것은 실제 그것이 육체노동을 동반하는 고된 일이기 때문이다.

이에 1900년이 되면 변화가 일어난다. 프랑스의 요리사였던 에스코피에(Georges Auguste Escoffier)는 요리분야에도 분업을 도입하였다. 메인 메뉴가 되는 고기구이 담당, 소스 담당, 채소 담당, 디저트가 되는 제과 담당 등으로 나누었고 각 요리사들은 담당업무만을 전담하면서 음식이 빨리 나올 수 있게 되었다. 산업사회가 시작되던 20세기 초반은 점차 시간에 대한 중대성이 커지던 시기였다. 사무실에서 직장생활을 하는 사람들이 많아지면서 점심시간도 1시간으로 짧아졌고 레스토랑도 대중화의 길을 걷기 시작했다. 처음 등장했을 당시의 부유한 부르주아의 이미지는 사라지고 점차 통근자와 노동자의 식당이 되어가면서 체인점 형태의 레스토랑이 등장하게 된다.

이 무렵 독일 베를린에 '아싱거 비어크벨레(Aschinger Bierquellen)'라는 체인점이 확대되고 있었다. 훈제 햄과 소시지, 감자샐러드에 빵을 제공하는 식당이었는데 신속한 서비스를 표방해서 식당에 들어온 손님은 금세 음식을 먹을 수 있었다. 음식을 빨리 제공하기 위해서는 코스요리가 아닌 한꺼번에 차려내는 방법이 더 편한데, 햄, 소시지, 빵, 샐러드가 트레이 위에 놓이는 방식으로 제공되었다. 당시 체인점은 베를린에 10개 정도 있었는데 음식을 빨리 만들어내기 위해 요리사가 아닌 기계의 도움을 받기 시작했다. 본사 공장에서 반조리 상태로 만들어져 각 매장에 제공되었으므로 매장에서는 굽거나 데우는 등 간단한 조리과정을 거쳐 바로 서빙할 수가 있었다. 이런 시스템의 장점은 각 매장에서 높은 급료의 요리사를 따로 고용할 필요가 없다는 거였다. 간단한 조리과정은 초급 요리사나 비숙련 요리사도 할 수 있기 때문에 임금이 절약되고 음식가격은 저렴해진다. 아싱거 비어크벨레의 주력 메뉴는 햄과 소시지, 감자샐러드와 빵이었고 여기에 맥주를 곁들여 팔았는데, 이 조합은 요즘의 패스트푸드점에서 파는 세트 메뉴와 흡사하다. 그리하여 최초의 패스트푸드점이 미국에서 개장하게 된다.

미국 최초의 햄버거 체인점은 1921년 캔자스에 세워진 '화이트캐슬(White Castle)'이었다. 햄버거에는 다진 고기로 만든 패티가 들어가는데 혹시 병든 소의 싸구려 고기로 만들지는 않는지, 소고기 외에 다른 부산물이 들어가지는 않는지 불신이 강했다. 무엇보다 햄버거는 노동자나 청소년들이 좋아하는 싸구려 음식이라는 편견도 있었다. 위생문제와 하층 노동자의 음식이라는 이미지를 없애기 위해 외관은 반짝이는 백색 타일로 마감했고 내부는 스테인리스 스틸로 마감했다. 그리고 절대 싸구려 고기를 쓰지 않고 위생적으로 만든다는 것을 보여주기 위해 밖에서 주방을 볼 수 있도록 개방하였다. 손님은 자신이 주문한 음식이 어떻게 만들어지는지 직접 볼 수 있게 되면서 신뢰감이 생겼다. 위생을 강조하기 위한 화이트, 노동자의 하위문화가 아닌 고급스러움과 환상의 이미지를 강조하기 위한 캐슬, '화이트 캐슬'은 이렇게 탄생했다.

미국에서 햄버거는 짧은 시간에 간단하게 한 끼를 때우려는 목적으로 노동자들에게 팔리던 음식이었다. 하지만 1950년대 베이비붐 현상을 겪게 되면서 어린이와 가족이 중요한 고객으로 떠오르게 된다. 이들을 잡기 위해 화이트 캐슬보다 더 친근하고 따듯한 이미지를 내세운 패스트푸드점이 탄생했다. 흰색 타일 대신 갈색 벽돌로 마무리하고 실내는 스테인리스가 아닌 아기자기하고 예쁜 소품을 배치한 인테리어를 했다. 어린이만을 위한 어린이 메뉴를 개발하고 이것을 구매하는 어린이 고객에게는 한정판 장난감을 사은품으로 지급했다. 매장 입구에는 어린이들이 좋아할 만한 광대 모양 캐릭터인 로널드 맥도날드를 배치하였으니 이것이 바로 맥도날드 매장이었다.

최초의 맥도날드 매장은 1955년 미국 일리노이의 데스플레인에 세워졌다. 패스트푸드 체인점은 하루 아침에 생겨난 것이 아니라 기존의 레스토랑이 보다 저렴해지고 체인점이 되면서 탄생한

드라이브 인 형태로 운영되는 맥도날드와 스타벅스 매장은 바로 이러한 공간점유 비용을 없앤 예라 할 수 있다.

것인데, 그 과정에서 많은 변화를 겪게 된다. 일단 새로운 외형이었다. 맥도날드 매장의 특징은 '빨리 알아볼 수 있는 건축'으로 거대한 유리벽, 포물선 지붕, 홍보용 수직탑, 번쩍이는 알루미늄과 유리 외벽 등을 주로 사용한다. 이는 시속 60~90킬로미터의 자동차를 타고 달릴 때 멀리서도 얼른 알아보고 차를 세울 수 있도록 디자인된 것으로 20세기 미국 자동차 생활에 적합하도록 고안된 것이다.

자동차를 위한 건축

/

19세기까지 유럽에서 가장 중요한 교통수단은 마차였고 산업혁명으로 열차가 등장했지만, 20세기 미국에서 가장 중요한 교통수단은 자동차였다. 이유는 저렴했기 때문이다. 서너 마리의 말과 그 말을 보살필 마부까지 고용해야 하는 마차에 비해 자가운전을 할 수 있는 자동차는 유지비용이 훨씬 적게 들었다. 마차는 매일 타지 않아도 말은 매일 먹여야 했지만, 자동차는 운전을 할 때만 기름을 넣으면 된다. 이렇게 저렴한 자동차가 미국 전역에 퍼지면서 2~3일 혹은 1박 2일의 단기여행이 증가하게 되었다. 여행을 하다 보면 가장 불편한 것 중 하나가 낯선 곳에서 무엇을 먹어야 하는가라는 문제였다. 아름다운 풍경은 새롭고 신기할수록 좋지만 음식은 이미 검증된 믿을 만한 식당이 있어야 한다. 그래서 1900년 파리의 미슐랭 타이어 회사에서 타이어를 구매한 고객을 대상으로 각지의 좋은 레스토랑을 소개하는 소책자를 제작하여 배포하기 시작한 것이 현재의 미슐랭 가이드이다. 낯선 곳에서 검증된 레스토랑을 찾는 가장 쉬운 방법은 체인스토어였다. 차에서 내리지 않고 음식을 주문하여 받을 수 있는 드라이브 인 맥도날드를 비롯한 미국의 체인스토어 음식점들은 이렇게 탄생했다.

레스토랑이 좀더 대중화하여 패스트푸드점이 되면서 그만의 독특한 디자인 요소들이 나타났다. 패스트푸드점의 특징은 음식값이 저렴하다는 것이다. 그러기 위해 고비용의 숙련 요리사를 대체한 저비용의 아르바이트생을 고용하는 것 외에도 테이블 순환율을 높이는 방법을 사용한다. 손님들이 빨리 주문한 뒤 빨리 먹고 빨리 나가도록 하기 위해 매장을 은근히 불편하게 만드는 것이다. 강렬한 원색의 사용, 번쩍이는 타일과 스테인리스로 마감된 실내 인테리어는 눈을 피로하게 하고 소리를 반사시켜 사람을 불편하게 한다. 특히 패스트푸드 매장의 의자는 몹시 불편하다. 플라스틱 의자는 작고 딱딱하며 때로 등받이가 없는 스툴이 제공되기도 하는데, 더욱 불편하게 하자면 이동이 어렵게 만들거나 아예 바닥에 고정시켜 두는 방법을 사용한다. 자리가 이렇게 불편하다면 손님들은 플라스틱 쟁반 위에 담긴 음식을 서둘러 먹은 후 급히 나가게 되어 있다.

드라이브 인 맥도날드는 더욱 극단적인 예이다. 자동차에서 주문을 한 뒤 자동차에서 바로 받아 나갈 수 있는 형태는 그 어떤 좌석의 점유도 일어나지 않는다. 식당에서 밥을 먹을 때 음식을 만드는 식재료 비용만을 생각하지만, 식당이라고 하는 것은 제조업이 아닌 서비스업이므로 거기에는 서비스 비용과 공간점유 비용도 포함되어 있다. 커피 원두의 원가는 500원도 되지 않는 커피 한 잔의 가격이 5,000원에 이르는 것은, 카페의 자리 하나를 차지하고 앉아 있을 수 있는 비용이 포함되어 있기 때문이다. 어쩌면 음식을 만드는 데 필요한 식재료 값보다 공간점유 비용이 더 비쌀 것이다. 드라이브 인 형태로 운영되는 맥도날드와 스타벅스 매장은 바로 이러한 공간점유 비용을 없앤 예라 할 수 있다. 한편으로 무단으로 공간을 점유함으로써 문제가 발생하기도 한다. 미국의 어느 스타벅스 매장에서 유색인종이 커피를 주문하지 않은 채 잠시 자리에 앉아 있다가 직원의 신고로 출동한 경찰에게 연행되는 일이 있었다. 물론 이는 인종차별문제까지 결부된 극단적인 사례일 것이다.

그 외에도 한인들이 모여 사는 미국 도시의 맥도날드 매장에서는 노인들이 1달러짜리 커피 한잔을 시켜놓고 서너 시간씩 앉아 있어 눈총을 받기도 한다. 또한 서울 종로 주변의 매장에서는 사채업자들이 커피 한 잔을 시켜놓고 앉아 여기저기 전화를 걸며 빚 독촉을 하는 통에 주변 손님들이 불편해하다 보니 아예 '사채업자 출입금지'라는 안내판을 써붙이기도 한다. 점주들의 야박한 인심으로 보이겠지만 여기에는 공간점유 비용의 문제가 숨어 있다. 빨리 먹고 빨리 나가는 것을 전제로 하기 때문에 패스트푸드점은 음식값이 저렴한 것이며, 대신 천천히 먹어도 되는 레스토랑의 음식값은 비싼 것이다.

패스트푸드와 레스토랑을 비교해보아도 알 수 있듯이 식사는 언제나 이원적이고 접대문화는 과시적이었다. 고대 로마의 도무스에는 가족들이 식사를 하는 방 외에 접대를 위한 식당이 2~3개씩 따로 있어 크기와 계절에 따라 구분해 사용하였다. 중세시대인 5~14세기에는 요리에 대한 기록이 전무하다시피 한데, 이 시기는 중세인들이 음식이 먹지 않았던 것이 아니라 접대를 위한 만찬이 일어나지 않았다는 방증이다. 기록으로 남기는 것은 언제나 접대용의 과시적 식사이기 때문이다. 중세 후기가 되면 이상하고 낯선 요리가 등장하기도 하는데, 이는 중세 후기 문화의 특징으로 이해해야 한다. 중세 후기는 특유의 기사도 문화가 쇠퇴하고 귀족사회가 성숙하면서 문화의 난숙화 현상이 진행되던 시기였다. 공작새와 돌고래가 식탁 위에 오르고 향료 범벅의 이상한 요리 역시 그러한 맥락에서 해석할 수 있을 것이다. 이후 바로크시대가 되어 요리는 점차 섬세해지고 프랑스 대혁명이 일어나 부르주아가 등장하자 이들을 위한 식사장소로서 레스토랑이 필요하게 된다. 레스토랑은 영국의 클럽이나 카페와는 달랐다. 클럽이 철저히 남성 위주의 회원제로 운영되는 곳이었다면 레스토랑은 남녀가 함께 즐기는 장소이자 계급이나 계층, 정치적 성향에 관계없이 음식값만 내면 누구나 입장할 수 있는 평등한 장소였다. 그 이전까지 유럽에서 성당을 제외한 곳에 여성의 출입이 허용된 곳은 아마 레스토랑이 유일할 것이다. 그리고 20세기에 들어 레스토랑도 점차 대중화의 길을 걷게 되면서 체인스토어 형태의 패스트푸드점의 탄생했다. 궁정문화를 모방한 프랑스의 레스토랑을 거쳐 노동자를 위한 식당이 되었다가 이후 청년 하위문화의 한 전형이 된 패스트푸드점까지, 식당의 역사 역시 철저히 모방소비의 전형을 따르고 있다.

5

인간의 희로애락을 가장 화려하게 표현하다

극장

잠시 뒤 애국가가 연주될 예정이니 다들 기립해달라는 안내방송에 시끄럽던 장내가 순간 조용해졌다. 옆자리의 남자는 피우던 담배를 서둘러 끄고 자리에서 일어났다. 커다란 스크린 속에서 태극기가 펄럭이며 애국가가 울려퍼지기 시작하자 다들 오른손을 왼쪽 가슴에 대고 그 장면을 응시했다. 이제 대한뉴스 상영시간이다. 88 서울올림픽을 앞두고 생활환경 개선과 시민의식고취운동에 주력하고 있음을 알리고 대통령 내외의 해외순방소식을 전하는 뉴스가 이어진다. 지루한 뉴스가 끝나 이제 영화가 시작되려는가 했는데 생각한 것과는 조금 다른 영화가 상영되기 시작했다.

아파트 단지의 놀이터에서 뛰노는 여자아이, 또래 아이들보다는 훨씬 고급스러운 옷차림에 당차고 발랄한 여자아이를 유심히 쳐다보던 여대생은 그 아이에게 다가가 말을 건넨다. "애 너 몇 살이니? 어디 살지?" 마침내 여대생은 여자아이와 함께 아이가 사는 집으로 들어간다. 현대적이고 세련되게 꾸며진 아파트의 거실에서 양복과 투피스 정장을 차려입은 아이의 부모가 기다리고 있었다는 듯이 과일과 차를 내오는 장면에 이르자, 객석에서는 그 자의

적 구성에 피식피식 웃음이 터져 나왔다. "저는 가족계획을 실천하여 자녀는 이 아이 하나만을 낳기로 했어요"라는 아이 어머니의 말에 마침내 젊은 여대생도 결심한 듯이 말한다. "네. 저도 이 다음에 결혼하면 꼭 가족계획을 실천하여 아이는 하나만 낳겠어요." 10분짜리 짤막한 영화가 끝나고서야 비로소 본격적인 영화가 시작되었다. 1980년대 대중가요가 녹음된 카세트테이프를 사면 맨 마지막에 건전가요가 꼭 한 곡씩 들어 있었던 것처럼 1980년대 영화관에 가면 애국가와 대한뉴스 외에 짤막한 문화영화를 한 편씩 보여주었다. 그렇다면 왜 영화관에서 애국가 연주와 대한뉴스, 문화영화를 상연했던 것일까?

로마의 극장 정치

드라마(drama)가 고대 그리스어로 '행동하다'라는 뜻에서 유래하고 시어터(theater)가 '보다'라는 뜻에서 유래하듯, 최초의 연극은 BC 2000년경 그리스에서 시작되었다. 사제나 무녀가 신의 모습으로 빙의하여 신탁을 내리고 미래를 예언하는 모습이 여러 문화권에서 두루 발견되듯, 그리스의 연극도 본래는 신과 교류하던 고대 종교의 한 모습이었다. 특히 포도주의 신인 디오니소스 축제에서는 언제나 연극이 상연되었고 BC 6세기가 되면 아테네에 전용극장이 지어지게 된다. 극장은 배우들이 연기를 하는 무대인 오케스트라(Orchestra), 디오니소스를 모시는 신전인 스케네(Scaene), 관객들의 관람공간인 테아트론(Theatron)으로 구분되어 있었는데, 이러한 용어들이 지금도 그대로 사용되고 있을 만큼 극장은 그리스시대에 그 기본이 완성되었다고 볼 수 있다. 야외음악당이나 스탠드형 객석이 있는 대운동장은 고대 그리스 극장을 그대로 모방한 것이다. 이 중 성격이 많이 변화된 것은 스케네였다. 그리스에서 연극은 신의 현현을 보여주는 제의여서 스케네는 곧 신전을 뜻했다. 이후 제의의 형식보다 배우의 연기력이 더 중요해지면서 스케네는 배우들이 옷을 갈아입고 가면을 바꾸어 쓰며 다음 장면을 준비하면서 잠시 휴식을 취하는 분장실과 비슷하게 되었다. 현재 스케네라는 용어는 신(scene), 시나리오(scenario) 등으로 남아 있다. 한편 연극이 보다 더 발달하면서 무대 전체를 뜻하던 오케스트라는 무대를 보조하는 악단이 되었다.

그리스 극장은 시내와 떨어진 산속에 위치했다. 당시의 연극은 신의 모습을 보는 목적이 컸기 때문에 떠들썩한 세속보다는 조용한 산속에 있는 것이 더 좋았을 것이다. 또한 많은 사람들을 수용하기 위해서 객석은 경사진 지형에 계단형식으로 자리잡아야 하는데 그러자면 평지보다 산이 더 적합했다. 극장은 15,000~18,000명을 수용하는 규모로 크기가 상당해서 무대 중앙에서 가장 뒷자리 객석까지의 거리는 60미터 남짓 되었다. 그런데 놀랍게도 유적으

그리스 극장은 시내와 떨어진 산속에 위치했다. 당시의 연극은 신의 모습을 보는 목적이 컸기 때문에 떠들썩한 세속보다는 조용한 산속에 있는 것이 더 좋았을 것이다.

로 남아 있는 그리스 극장을 방문해보면 무대 중앙에서 동전을 떨어뜨렸을 때 그 소리가 맨 뒷자리의 객석까지 들림을 알 수 있다. 반원형 모양의 경사진 객석이 공명효과를 내었던 것으로 추정된다. 배우들은 키가 커 보이기 위해 굽 높은 신발에 긴 망토를 입고 가면을 쓴 채 무대에 올랐고 팬터마임 같은 1인극이나 혹은 2~3인이 등장하여 정형화된 대화형식으로 신의 모습을 연기했다. 각 도시마다 수호신이 있던 그리스에서 신을 위한 제의는 국가적 의례였고, 연극은 신의 강림이었기 때문에 일상이 아닌 비일상의 공간에서 재현되어야 했다.

그리스의 극장은 로마에 와서 조금 변화를 겪게 된다. 산속에 있던 극장이 시내로 내려온 것이다. 로마는 명확한 도시계획에 의해 건설된 도시였는데 이때 가장 중요한 것이 포럼과 극장이었다. 포럼이란 시민들이 모여 토론과 공청회를 벌이고 재판도 벌이는 요즘의 시청이나 시민회관에 해당하는 다목적 홀이었다. 이는 그리스의 아고라와 비슷한데, 아고라가 광장에 있었다면 포럼은 건물로 지어졌다. 도시계획에서 가장 중요한 시설로 포럼과 극장을 두었다는 것은, 극장도 포럼만큼이나 중요한 정치적 공간이었다는 뜻이다. 흔히 로마의 정치를 빵과 서커스라고 하는데, 빵을 누구에게 어떻게 배분할지를 결정하는 곳이 포럼이었다면 서커스를 제공하는 곳이 극장이었다.

그리스의 극장을 계승하여 만들어진 로마의 극장은 비슷하면서

도 조금 달랐다. 자연지형을 이용해 객석을 경사지게 만들었던 그리스의 극장을 평지에 인위적으로 재현하기 위해서는 기술력이 필요했다. 일정한 기울기를 가지는 경사진 객석을 만들다 보니 객석 뒤편으로는 큰 벽이 생겼다. 또한 그리스 극장의 무대는 자연을 배경으로 하였기 때문에 뒤편으로 막이 없었지만 로마의 극장에서 막은 필수적이었다. 무대의 뒤편으로 높은 막이 세워지고 객석 뒤편도 높은 벽으로 둘러싸여 전반적으로 폐쇄적인 원통형의 극장, 콜로세움을 연상시키는 로마의 극장이 완성되었다. 아울러 극장도 좀 더 세분화되었다. 연극을 주로 상연하는 극장 외에 음악연주를 목적으로 하는 오데온(Odeon), 전차경주를 비롯하여 스포츠 경기를 위한 스타디온(Stadion), 인간과 동물이 결투를 하는 아레나(Arena) 등이 있었다. 이 모든 것은 시민에게 볼거리를 제공하기 위한 황제의 시혜였다.

연극의 내용 역시 달라졌다. 신의 모습을 재현하던 그리스 연극과 달리 로마의 연극에는 왕이나 장군, 정치가가 등장해서 서사적 역사물이나 전승극을 보여주었다. 때로 연극은 승전 축하공연과 함께 열리기도 했다. 아울러 더 큰 흥미를 위해 인간과 동물이 서로 싸우는 것까지 보여주었다. 볼거리가 점차 흥미진진해지면서 그리스의 반원형 무대는 로마에 와서 원형무대가 된다. 이는 반원형 무대를 두 개 합쳐 만든 것인데, 이렇게 되면 객석이 무대를 사방으로 둘러싸기 때문에 무대 위 장면뿐 아니라 무대 너머 다른 관객의 함성과 응원모습까지 함께 보여서 더욱 스펙터클한 장면을 연출할 수 있게 된다. 이러한 원형무대는 현재 복싱이나 레슬링 등 격투기 경기장의 전형이 되었다. 신의 모습을 재현하든 인간과 동물의 싸움을 보여주든, 그리스와 로마 두 극장의 목적은 통치의 수단이라는 점에서 동일했다. 고대국가의 특징은 종교와 정치가 명확히 구분되지 않았다는 것으로, 그리스에서 연극은 통치의 수단이었다. 한편 시민에게 일정한 먹을거리와 오락거리를 제공하면 정치에 무관심하게 된다는 것을 알아차릴 만큼 노회했던 로마는 세속적이고 통속적인 드라마를 제공했다. 때로는 극장을 지어 시민에게 제공한다는 것 자체가 의미있는 정치적 행위가 되기도 했다. 지금도 남아 있는 로마의 콜로세움이 대표적 예이다.

네로 황제의 재임기간이던 AD 64년 7월 로마에 대화재가 발생하여 시내의 절반을 폐허로 만들어버린다. 이에 네로는 대대적인 도심 재개발을 실시하면서 소방도로 확보, 공개공지와 건물들의 이격거리 확보, 높이제한 등 좋은 정책도 실시하였으나 자신을 위한 호화궁전을 지으면서 민심을 잃게 된다. 궁전은 황금궁전이라는 뜻의 '도무스 오레아(Domus Aurea)'라 불렸는데 지나치게 화려했던 나머지 네로가 시내의 빈민가를 없애고 그 자리에 자신의 궁전을 짓기 위해 의도적 방화를 한 것이 아닌가라는 의심까지 받을 지경에 이르렀다. 결국 네로는 이로 인해 실각하고 그 뒤를 이어 트라야누스가 집권하면서 가장 먼저 한 일은 네로의 황금궁전을 허물고 그 자리에 경기장을 지은 거였다. 이것이 콜로세움이다. 전임황제의 호화궁전을 헐어 시민을 위한 경기장을 짓는다는 것 자체가 이미 강력한 메시지를 포함하고 있을 만큼 극장은 정치적인 공간이었다. 태생적으로 정치적인 극장은 이후로도 계속 그 모습을 유지하게 된다.

연극을 좋아했던 여왕

/

유럽에 방대한 속주를 개척했던 로마는 주둔지마다 로마를 모방한 식민도시를 세움으로써 유럽 곳곳에 로마식 원형경기장과 극장이 세워진다. 그러나 AD 4세기 이후 로마가 쇠망하고 유럽의 주도권을 기독교가 잡게 되면서 극장은 더 이상 지어지지 않는다. 교회는 로마의 멸망원인을 지나친 향락과 타락이라 보고 연극과 서커스를 금지시켰기 때문이다. 무엇보다 중세 전기는 이민족들이 쳐들어오던 시기여서 요새 같은 성채 속에 숨어살다시피 하느라 극장에서 연극과 서커스를 보고 있을 틈이 없었다. 그러다가 10세기 무렵이 되면 중세문화가 서서히 꽃피기 시작한다.

흔히 중세는 4~14세기에 이르기까지 천 년 동안이나 문화발전이 전혀 없는 암흑기였다가 15세기 이탈리아에서 갑자기 르네상스가 꽃피었다고 생각하지만, 이러한 이분법은 15세기 이탈리아

학자들에 의해 과장된 측면이 많다. 중세는 암흑기라기보다는 에너지를 비축하는 잠재적 시기였으며, 10세기부터 유럽에서 대성당들이 건축되는 것으로 화려한 중세문화가 꽃핀다. 그러다가 1400년경이 되면 더욱 난숙해지면서 퇴폐적인 경향까지 띠게 된다. 앞서 중세의 식탁에 돌고래와 공작새가 올라왔던 것도 그러한 예라 할 수 있고 또한 이때가 되면 귀족계층에서는 기괴한 옷을 수집하여 입는 경향이 두드러진다. 중세 말기는 십자군 전쟁으로 인해 동방 특히 아랍의 문물이 들어오던 시기여서 복식도 이에 영향을 받았다고 볼 수 있다. 문화사적으로 퇴폐의 시기 뒤에는 곧 새로운 시대의 여명이 밝아오곤 하는데, 당시도 마찬가지였다.

르네상스가 꽃핀 곳은 15세기 이탈리아였지만 연극과 공연문화에서는 영국이 이보다 조금 앞서 엘리자베스 1세 시대에 화려하게 꽃핀다. 이는 그녀의 통치방식과도 관련이 깊다. 여왕은 지방 귀족의 컨트리하우스에서 몇 달간 머물며 충성서약을 받고 이후에는 연극, 사냥 등을 하며 여흥을 즐겼는데 이는 통치의 일환이었다. 이 시기는 1588년 스페인의 무적함대를 격파하면서 해상 주도권을 장악하여 강성대국으로 성장하던 시기이자 대내적으로는 청도교 혁명이 일어나 시민군이 국왕 찰스 1세를 처형(1649년)하기 전이었다.

혁명이란 어느 날 갑자기 일어나는 우발적인 사건이 아니라 오랜 시간 축적된 사회적 모순이 마침내 폭발하는 현상인데, 엘리자베스 여왕의 통치시기(1558~1603)가 그러한 때였을 것이다. 당시 영국은 여러 분야에서 변혁의 조짐을 보이던 과도기였다. 전통적인 기사계급이 소멸하고 신흥계급인 젠트리가 성장하고 있었고 또한 청교도들이 생기면서 기존의 성직자 계층도 위협을 받고 있었다. 이에 기존 귀족들은 기득권을 강화하고 또한 신흥계층은 자신들의 입지를 드러내기 위해 과시적 문화가 유행하던 시기였다. 이때 여왕은 화려한 공연문화와 사냥, 연설 등을 이용했고 때맞추어 셰익스피어가 등장했다. 그는 작품성 외에도 오락성과 대중성을 두루 갖춘 흥행작가여서 그의 작품을 상연하기 위한 전용극장이 세워지게 된다. 1576년 런던 교외에 세워진 더 시어터(The Theater) 극장, 1599년 템스 강변에 세워진 글로브(Globe) 극장이다.

극장이 세워지기 전 중세의 연극은 마을광장이나 여관의 안마당에 페전트(pageant)라 불리는 목재의 가설무대를 세우고 공연되었다. 초기의 극장은 이 가설무대를 상설무대로 만들어놓은 것과 비슷했다. 사방에서 둘러앉아 볼 수 있도록 무대는 원형 혹은 팔각형이었고 그 앞에 벤치형태의 좌석이 있고 주변으로 3층의 객석이 빙 둘러 배치되었다. 중세에는 여관에서 극단을 불러 연극을 상연하곤 했다. 연극을 보기 위해서는 여관 입구에서 표를 구입한 다음 안마당에 들어가 무대 앞 적당한 좌석에 앉아 관람을 했다. 그런데 원래 여관에 투숙하고 있던 사람들은 별도의 입장권 없이 자신이 묵는 방에서 연극을 볼 수 있었다.

가운데 중정을 중심으로 객실은 1층, 2층, 3층에 걸쳐 빙 둘러져 있었는데 이러한 형식을 글로브 극장을 비롯한 초기 극장들이 그대로 따랐다.

중세건축의 특징 중 하나는 중정(中庭)이라는 안마당을 중심으로 방들이 배치되었다는 것이다. 앞서 이탈리아의 팔라초도 그러했고 영국의 여관인 인(Inn)도 그런 형식이었다. 가운데 중정을 중심으로 객실은 1층, 2층, 3층에 걸쳐 빙 둘러져 있었는데 이러한 형식을 글로브 극장을 비롯한 초기 극장들이 그대로 따랐다. 여관과 극장은 전혀 성격이 다른 곳이지만 중세시대 연극이 주로 여관에서 사용되었기 때문에 최초의 극장은 여관과 비슷했고, 무대 앞의 일반 객석과 주변의 박스석 형태로 지금도 그 흔적이 남아 있다. 일반 객석은 입장권을 구입하여 들어가지만, 특별석 혹은 박스석은 연간회원권을 구입한 고객에게 고정적으로 주어지는 방식은 여기서 유래한다. 글로브 극장은 극단 '더 킹스맨(The King's man)'의 전용극장이었는데 셰익스피어의 희곡들은 모두 이 극장에서 공연되었기 때문에 이후 셰익스피어 극장이라고 불리기도 한다. 목재로 지어져서 1613년 화재로 소실되었다가 이듬해 재건축되어 현재에 이르고 있다.

셰익스피어의 희곡을 읽다 보면 처음부터 다짜고짜 결투를 벌이는 장면이 자주 등장한다. 당시의 연극은 장마당이나 여관 앞에서 벌이는 마당놀이와 비슷해서 그런 습관에 젖어 있던 사람들은 극장에 들어와서도 계속 떠들며 소란스럽게 행동했다. 이에 관객들의 주의를 환기시키기 위해 일단 결투장면부터 시작했다는 해석이 있다. 중세적 전통에서 아직 벗어나지 못한 때였기 때문에 연극

역시 유랑극단과 비슷한 성격을 띠었다. 하지만 이러한 공연예술이 가장 화려하고 귀족적으로 발달하게 되는 곳은 르네상스 이탈리아였다.

르네상스시대의 오페라

/

1570~80년대 이탈리아 피렌체에서 '카메라타(Camerata)'가 등장했다. 이탈리아어로 카메라(camera)란 방(room) 혹은 사각형의 상자(cube)를 뜻한다. 르네상스시대 회화에 원근법이 도입되면서 이를 보조하기 위한 장치로 작은 상자에 구멍을 뚫어 풍경을 보는 장치를 개발해냈는데 그것을 어둠상자 혹은 암실(暗室)이라는 의미로 카메라 옵스큐라(camera obscura)라고 불렀다. 처음에는 여기에 맺혀 보이는 상을 연필로 따라 그리다가 이후 빛에 반응하는 감광지를 대어 감광을 하게 되면서 최초의 사진이 생겨났다. 카메라 옵스큐라를 점차 '카메라'라고 줄여 부르면서 사진기를 뜻하게 되었지만, 카메라는 본디 '방'이라는 의미를 가지고 있다.

그런데 프랑스에서 홀을 뜻하는 살(sal)이 있고 '작은 살'이라는 뜻의 살롱(salon)이 독특한 살롱문화를 형성했듯, '작은 방'이라는 뜻의 카메라타는 젊은 음악가와 시인이 모여 새로운 음악을 연구하던 그룹을 말했다. 그중 가장 유명했던 곳은 작곡가였던 조반니

데 바르디가 이끄는 카메라타로, 이곳에서 건반악기와 관악기를 반주로 하는 멜로디 형태의 노래가 불리기 시작했다. 이것이 오페라의 시작이었다. 중세시절부터 교회에서 공연을 하던 라틴어 연극이 있었는데 연극을 하자면 막을 바꾸느라 잠시 공백이 생기곤 했다. 이때 관객들이 지루하지 않도록 막간극을 삽입하였는데 관객들은 어려운 라틴어 연극보다는 음악과 노래가 어우러지는 막간극을 더 선호했다. 이 막간극이 점차 오페라로 발달하게 된다. 기독교적 색채를 띠는 라틴어 연극이 아닌, 음악이 첨가된 막간극이었으니 내용 역시 성서가 아닌 그리스와 로마 신화에서 스토리를 차용했다.

1600년 10월, 메디치가의 딸인 마리아 데 메디치가 프랑스의 앙리 4세에게 시집가던 날, 축하공연으로 〈에우리디케〉가 처음 공연되면서 오페라는 이탈리아 전체로 퍼져 나가고 1640년대가 되면 베네치아에 전용 오페라 극장이 생기게 된다. 오페라가 연극에 음악적 요소를 더한 것이듯, 오페라 극장 역시 연극 극장과 유사했다. 극장이 본래 여관 안마당에서 발전한 것이어서 객석이 1층, 2층, 3층에 걸쳐 각 실이 빙 둘러져 있는 것처럼, 오페라 극장도 무대 앞에 마련된 일반석 외에 주변을 빙 둘러 특별석이 마련되어 있었다. 그리고 바로크시대가 되면 오페라는 프랑스에서 더욱 발달하게 된다. 그런데 당시의 오페라 관람방식은 지금과는 조금 달랐다. 현재 우리가 영화관이나 뮤지컬, 음악회 등에 가면 처음부터 끝까지 관람내용에 집중할 뿐, 그날 누가 관람을 하러 왔는지, 내 옆자리에 누가 앉았는지 전혀 신경쓰지 않는다. 하지만 17세기의 관람방식은 반대였다.

루이 14세로 대표되는 바로크시대는 궁정문화와 귀족문화가 절정기에 다다른 시기여서 과시적 행위가 중요했다. 내가 무엇을 보느냐가 아닌, 내가 어떻게 보이느냐가 중요했기 때문에 항상 화려하게 치장하고 다녀야 했다. 남자들은 흰 분을 바른 가발을 썼으며 여성들은 과도하게 졸라맨 옷차림을 하고 다녔다. 오페라 구경 역시 마찬가지여서 그 장소에서 나의 모습을 보여주는 것이 더 중요했다. 가능한 한 많은 치장을 하고 갔고 이미 다 알려진 신화의 내용을 재구성한 오페라보다는 그곳에 참석한 사람들과 교류를 하는 것이 중요한 일이었고 특히 중요한 것이 박스석의 소유 여부였다.

17세기까지 파리의 오페라 극장들은 회원제로 운영되어서 연회비를 내면 박스석을 할당받았기 때문에 박스석의 소유 여부는 계층을 구분하는 중요한 지표였다. 경우에 따라서는 동반하는 하인을 위한 하인용 박스석까지 함께 갖추기도 했다. 박스석에는 연중 제약 없이 드나들 수 있었고 또한 반드시 시간에 맞추어 입장하는 것도 아니었다. 느지막이 중간에 입장했다가 그다지 재미가 없으면 일찍 돌아오기도 했다. 누군가 아는 사람이 있으면 서로의 박스석을 방문하기도 했다. 거의 작은 방과도 같이 안락하게 꾸며진 곳에서 커튼을 닫고 식사를 하다가 아리아나 주요 장면에 이르면 커튼을 열고 노래를 들었다. 귀족들은 오페라 관람이 아닌 서로의 교류를 위해 극장에 갔고, 박스석에 앉은 귀부인들이 오페라 글라스를 통해 훔쳐보는 것은 무대 위 배우가 아닌, 객석의 관객들이었다. 누가 무슨 옷을 입고 왔는지, 누가 누구와 함께 왔는지, 요즘 들리는 염문설과 불화설의 진위를 확인하는 자리였다. 때로 그곳은 우연을 가장한 비밀연애의 장소가 되기도 했다.

동명의 소설과 오페라로 유명한 『춘희(라 트라비아타)』에서 주인공 마르그리트는 오페라 극장에 갈 때면 항상 손에 동백꽃을 들고 간다. 사람들의 눈에 잘 띄도록 박스석이 아닌 일반석의 맨 앞줄에 앉곤 했는데 그 옆에 놓인 것은 오페라 글라스와 봉봉 과자 한 봉지 그리고 작은 동백꽃 다발이었다. 그런데 동백꽃은 한달 중 25일은 흰색이고 나머지 5일은 붉은 색이다. 흰 동백을 든 날에는 다른 남자를 만날 수 있고 붉은 동백을 든 날에는 그럴 수 없다는 표시였다. 그녀는 파리 화류계에서 가장 유명한 여인 중 하나여서, 붉은 동백을 든 날은 안정적인 연인관계를 유지하는 대가로 생활비를 대어주는 어느 공작을 만나야 했기 때문이다. 화류계의 여인이 호객행위를 하는 장소로서 오페라 극장이 활용되는데, 실제로 당시 파리에서 '극장의 여인'이라는 말은 요즘 '거리의 여인'과 같은 의미로 사용되었다.

프랑스 문화를 그대로 모방한 19세기 러시아에서는 귀족들이 오페라에 가는 것은 관람의 목적이라기보다는 교류가 목적이었다.

그 자신이 대지주였기 때문에 귀족사회에 대한 묘사가 돋보이는 톨스토이의 작품 중에는 특히나 오페라 극장이 자주 등장한다. 그 중 가장 유명한 오페라 씬은 『전쟁과 평화』 중에 나오는 나타샤와 아나톨리의 만남 장면이다. 뛰어난 미인이었지만 남몰래 불륜을 즐기고 있던 엘렌에게는 그녀를 닮아 미남이지만 바람둥이인 오빠 아나톨리가 있었다. 청순하고 아름다운 나타샤에게 눈독을 들이고 있던 아나톨리는 여동생 엘렌과 함께 오페라 극장에 간다. 박스석에 앉아 무대가 아닌 객석을 내려다보던 아나톨리는 일반석에 나타샤가 앉아 있음을 보고 이내 여동생에게 무어라 속삭인 뒤 자리를 뜬다. 이에 엘렌은 나타샤에게 다가가 유난히 친근하게 굴며 자신과 함께 박스석에서 더 편안하게 오페라를 관람하자면서 그녀를 데리고 간다. 얼마를 함께 구경하던 엘렌은 문득 자리를 뜨고 혼자 남은 나타샤 앞에 우연을 가장하며 등장한 것은 아나톨리였다. 18~19세기 프랑스와 러시아의 귀족들이 오페라 극장에 가는 이유는 교류나 우연한 만남의 목적이 더 컸기 때문에 이 시기의 극장은 잘 갖추어진 박스석과 로비공간이 매우 발달해 있었다. 뿐만 아니라 극장 자체가 권력을 담기 위한 기제로 작용하기도 했다.

극장에서는 연극이나 오페라 같은 공연예술만 상연된 것이 아니라 대관식, 즉위식, 왕실의 결혼식 같은 대형 행사도 치렀다. 본래 이러한 행사는 성당에서 하던 것이었는데, 절대왕정시기 왕권이 교황권을 능가하면서 대형 왕실행사를 성당이 아닌 별도의 공간에서 치를 필요성이 생겼다. 이전까지 프랑스에서 성당을 제외하면 대형 행사를 치를 만한 공간이 없었고, 많은 사람이 모여야 할 때면 임시방편으로 테니스코트에서 천막을 친 채 행사를 치렀다. 이를테면 프랑스 대혁명이 일어나 3개의 계급이 함께 모이는 삼부회의를 처음으로 개최했을 때 그 장소가 왕실 테니스코트여서, 귀족과 성직자에 이어 제3신분이던 부르주아들이 수수한 검은색 코트를 입은 채 테니스장으로 줄줄이 입장해 들어왔다.

하지만 이제 테니스코트도 성당도 아닌, 왕실행사를 치를 만한 전용공간이 필요해졌다. 많은 사람을 모아놓고 화려한 행사를 보여주기에 적합한 곳은 극장이었다. 이제 극장 건축은 국가에서 전담하기 시작했다.

앞서 영국의 엘리자베스 여왕이 프로세스를 통해 지방을 순시하자 영국 각지에 귀족들의 컨트리하우스가 지어졌다고 했다. 그것이 영국과 같은 지방분권국가에서 일어나는 일이었다면, 강력한 중앙집권을 행사했던 프랑스에서는 건축을 비롯한 문화 전반을 보다 직접적으로 국가에서 통제하기 시작했다. 그 일환으로 루이 14세는 1648년에 왕립 미술아카데미, 1671년에는 왕립 건축아카데미를 설립한다. 이는 국가예산으로 운영되는 학교로서 졸업생은 왕실 전속 건축가가 되는 엘리트 코스였다. 이곳에서 배우고 통용되는 건축수법들은 '그랜드 매너(grand manner, 대규범)'라 불리며 궁전과 각종 극장 건축에 적용되었다. 중세에서 중요한 대형 건축물은 성당이었고 그 건설을 담당하는 직인들은 자유상공인 조합이라 할 수 있는 길드에 소속되어 있었다. 하지만 왕권이 교황권을 능가하는 절대왕정시기에 들어 성당 대신 궁전 건축이 새롭게 등장하자 이를 전담할 건축가를 양성하고 또한 기존의 성당과 결탁되어 있던 길드 조직을 무력화시킬 장치로서 왕립 아카데미를 설립한 것이다.

영국에서 엘리자베스 여왕이 연극을 장려했던 이유가 기존의 교권을 흔드는 청도교의 등장과 신흥 젠트리의 성장에 따른 혼란한 시대에 통치의 수단이었듯, 혁명이 일어나기 직전인 18세기 프랑스도 마찬가지였다. 기존의 왕권에 대한 반발의 움직임이 보이고 있었고 부르주아라는 신흥계층의 성장에 따라 귀족들도 위기감을 느끼고 있었다. 이런 시대 기득권을 지키기 위해 많은 극장이 경쟁적으로 지어지기 시작했다. 이 시기 극장 자체가 하나의 오브제였다. 로비의 면적이 넓어지고 건축적 처리가 화려해졌으며, 극장의 박스석을 소유하는 것, 서너 시간이나 계속되는 긴 오페라를 관람하는 것, 그리고 그것을 이해할 만한 교양을 갖추는 것은 귀족의 중요한 애티튜드였다.

1789년에 혁명이 일어나자 왕립 아카데미는 폐쇄되고 만다. 하지만 세상은 여전히 혼란했다. 군인이던 나폴레옹이 정권을 잡는가 했더니 왕정복고 기간(1814~1848)도 있었고 다시 공화국 체제로 돌아간 시절도 있었고 1852년에는 나폴레옹 3세가 집권하여 대관식을 거행한 후 스스로 왕이 되었다. 프랑스 제2제정이 시작된 것이다. 이후 나폴레옹 3세는 폐쇄되었던 왕립 아카데미를 '에콜 데 보자르(Ecole des Beaux-Arts, School of Fine Arts, 순수예술학교)'라는 이름으로 복원시킨다. 보자르(Beaux-Arts)는 순수예술(Fine Arts)이라는 뜻이었고 이곳에서 배우는 양식이 보자르 스타일이었는데, 그 가장 화려한 결실이 파리의 오페라 극장(1875년)이다. 소설과 뮤지컬 등으로 유명한 『오페라의 유령』은 바로 이 오페라 극장을 배경으로 하고 있다. 이처럼 극장은 강력한 왕권의 후원 아래 지어지며, 이는 독일에서도 마찬가지였다.

바그너 극장의 탄생

/

미술이나 음악, 문학 등 예술은 그 자체만으로는 생산적이지 않기 때문에 누군가의 후원을 받아야 한다. 오페라와 극장의 역사에 큰 획을 그었던 바그너는 루드비히 2세의 지원 아래 성장할 수 있었다. 독일 남부 바이에른 왕국의 왕이었던 루드비히 2세는 16세 때에 바그너의 오페라 〈로엔그린〉을 듣고 크게 감명을 받는다. 그리고 18세의 젊은 나이로 즉위한 뒤 바그너를 바이에른으로 불러들인다. 그때까지만 해도 소규모 악단을 이끌며 경제적 어려움을 겪고 있던 바그너는 왕의 제안이 무척이나 반가웠을 것이다. 루드비히 2세는 연극과 오페라, 건축 등 예술을 사랑하는 섬세하고도 유약한 왕이었다. 당시는 독일이 아직 통일되지 못한 채 바이에른, 프로이센, 오스트리아, 작센, 하노버 등의 군소왕국으로 나뉘어 있던 때였다. 이 중 프로이센의 힘이 점점 커져 오스트리아, 프랑스를 상대로 전쟁을 벌이면서 점차 독일제국으로 성장하던 시기였다. 앞서 영국의 엘리자베스 여왕이 연극을 통치의 일환으로 적극 활용했다면 반대로 루드비히 2세는 독일 통합이라는 복잡한 국제정세 속에서 오페라와 건축 속으로 도피했다. 그리고 그 옆에 바그너가 있었다. 그의 오페라가 주로 중세유럽의 전설 속에서 모티브를 얻은 것도 이러한 왕의 취향과 무관하지 않을 것이다. 오페라 〈로엔그린〉과 〈탄호이저〉에 몹시 심취해 있던 왕은 마침내 이를 현실로 구현하기에 이른다.

수도인 뮌헨을 두고 퓌센에 별장 격인 노이슈반슈타인 성(Schloss Neuschwanstein)을 지은 것이다. 흔히 백조의 성이라 부르는 곳으로 오페라 로엔그린에 나오는 백조의 전설에서 모티브를 얻어 지어진 성이다. 깊은 산속 슈반가우 숲에 지어진 성은 아름답기는 하지만 매우 시대착오적인 건물이다. 19세기가 되면 중세의 요새와도 같은 성은 더 이상 지어지지 않기 때문이다. 대신 넓은 평지에 궁전(palace)의 형태로 지어지는데 11~12세기에나 지어질 법한 성(castle)을 깊은 산속에 짓는다는 것은 복잡한 세상을 등진 채 중세로 돌아가 자신만의 환상세계 속에 은둔하고자 했던 욕

노이슈반슈타인 성은 백조의 성이라 부르는 곳으로 오페라 로엔그린에 나오는 백조의 전설에서 모티브를 얻어 지어진 성이다.

망의 발현이었다. 각 방들과 통로에는 로엔그린, 탄호이저, 트리스탄과 이졸데, 니벨룽겐의 반지 등의 장면들이 벽화로 그려져 있었으니 성 자체가 오페라를 위한 하나의 무대였을 것이다. 이 성이 얼마나 아름다웠는지 이를 모방하여 다시 만든 것이 디즈니랜드의 입구 부분에 있는 '잠자는 숲속의 공주의 성'이다. 그 외에도 루드비히 2세는 동화같이 예쁜 성을 두 개 더 지었다. 슈반가우 숲속의 호엔슈반가우 성(Schloss Hohenschwangau), 독일 남부의 작은 마을에 지은 린더호프 성(Schloss Linderhof) 등이다. 이 중 린더호프는 가장 작은 규모였지만 베르사유 궁전을 모방해 지었기 때문에 가장 화려했다.

그곳에는 베르사유의 거울의 방을 모방하여 4면을 거울로 둘러싸서 만든 거울의 방이 있었으며 후원에는 오페라를 감상할 수 있는 인공동굴이 있었다. 동굴 안에는 조명을 받아 빛나는 조그만 무대가 있었고 그 앞에는 인공연못이 있어 왕은 황금으로 도금된 배를 타고 홀로 오페라를 감상했다. 일찍이 네로가 황금궁전을 지었다가 민심을 잃고 실각했듯, 황금배를 타고 오페라를 감상하던 왕 역시 숙부에 의해 신경쇠약으로 인한 부적격자로 지정되면서 사실상 폐위에 이른다. 지나치게 호화로운 성을 짓느라 너무 많은 국고를 탕진했기 때문이다. 그리고 얼마 뒤 호숫가에서 의문의 변사체로 발견된 루드비히 2세의 모습은 베르사유 궁전의 무도회에 빠져 있다가 혁명을 맞이한 마리 앙트와네트의 모습과도 겹친다. 그러나 인생은 짧아도 예술은 긴 법, 화려한 성들은 여전히 남아 있으며 오페라와 극장 역시 바그너에 의해 크게 발달하게 된다.

오페라 극장은 바그너 극장과 바로크 극장으로 나뉘는데 바로크 극장은 로비, 포이어(foyer) 공간이 크게 발달한 것이 특징이다. 포이어는 로비와 비슷한 공간으로서 관객들이 서로 만나고 교류하는 곳이다. 이곳은 객석 전체의 크기와 비슷할 만큼 컸는데 이는 당시 연극과 오페라가 그 관람목적보다는 그날 참석한 사람들과의 교류가 더 중요했기 때문이다. 그런데 바그너 극장은 로비와 포이어 공간이 축소되면서 통과동선으로서의 최소한의 면적만으로 구성된다. 이에 대해 바그너는 관객들이 오페라에 와서 정작 관람보다 다른 것에 신경쓰는 것을 싫어했기 때문이라고 하는데, 일견 맞는 말이다. 그는 철저히 오페라에만 집중하라고 로비를 없앴다. 현대에 지어지는 극장들은 바그너 극장의 영향을 많이 받아서 영화관, 극장, 음악당 등은 주로 객석이 많이 발달했을 뿐 로비와 포이어 공간이 축소되어 있다.

한편 18세기가 되면 오페라는 점점 대중화되면서 박스석도 귀족뿐 아니라 부유한 부르주아들의 차지가 된다. 신흥계층인 부르주아들에게 박스석의 소유는 요즘 비행기의 일등석과도 같은 의미였다. 일등석에 앉을 수 없다면 이등석인 비즈니스 클래스에라도 앉아야 하고 때로 프리미엄 이코노미 클래스가 있듯, 박스석도 규모가 작게 축소된 이등 박스석, 삼등 박스석 등의 등급제가 있어

자작과 남작 등 하위 귀족과 법관, 은행가 등 부르주아의 차지가 되어갔다. 물론 나머지 일반 객석과 입석은 노동자도 입장권만 끊으면 들어올 수 있게 되면서 오페라도 점차 대중화의 길을 걷기 시작했다.

태생부터가 귀족적인 오페라는 누구나 쉽게 접할 수 있는 문화가 아니었다. 30분의 중간휴식을 포함하여 3~4시간 동안 길게 진행되느라 관람을 하기에도 큰 인내가 필요했다. 이에 오페라를 조금 쉽고 간단하게 줄인 오페레타, 오라토리오 등이 유행했다. 아울러 내용 역시 장엄미를 연출하는 비극보다는 해피엔딩으로 끝나는 희가극이 유행하면서 대중성과 오락성을 추구하는 경우가 많아졌다. 19세기가 되면 군소극장에서 오락성 위주의 오페레타가 공연되는 모습이 1880년에 쓰인 에밀 졸라의 『나나』에 선명히 묘사되어 있다. 나나는 파리의 어느 소극장에 소속된 여배우이자 가수이다. 널리 알려진 『목로주점』이 삯빨래를 맡아 하는 세탁부 제르베즈와 그 남편의 이야기로서, 선술집이나 포장마차 격인 목로주점에서 싸구려 압생트를 마시던 남편이 알코올중독자가 되어 수용소 같은 자선병원에서 숨을 거두는 이야기이다. 그리고 제르베즈의 딸인 안나가 소극장에서 삼류 배우로 활동하는 이야기가 『나나』이다.

안나라는 본명 대신 나나라는 예명으로 활동하는 그녀의 첫 데뷔작은 '금발의 비너스'라는 작품이었다. 올림포스 산을 표현하기 위해 마분지로 구름을 몇 개 오려 붙인 무대 위에 최고신 제우스와 그 아내 헤라가 등장한다. 하녀의 월급을 제대로 주지 못하는 문제로 부부싸움을 벌이며 억지 웃음을 자아내다가 이후 비너스로 분한 나나가 등장하여 노래를 부른다. 노래실력도 연기력도 그다지 재능은 없었지만 관객들은 그녀의 몸매에 열광하며 나나를 연호한다. 이후 온갖 신들이 등장하여 격에 맞지 않는 연기를 하다가 마침내 합창단과 오케스트라가 총출동하여 급히 해피엔딩으로 끝을 맺는 엉성한 구성으로, 1880년대 오페레타가 점차 대중성과 오락성을 추구했다는 것을 보여 준다. 대신 오페라는 동양 특히 러시아로 무대를 옮기면서 러시아 향토색이 강하게 채색된다. 러시아는 19세기 뒤늦게 세계사의 무대에 등장하면서 유럽문화를 많이 모방했는데 오페라, 발레 등도 이에 해당한다. 음악에서는 러시아 5인조로 불리는 이들이 활동했고, 〈목신의 오후〉, 〈호두까기 인형〉 같은 민족성이 강한 작품도 선보였다. 이것이 오페라에 있어서 가장 화려한 마지막 피날레였을 것이다. 이후 오페라는 미국으로 건너가 뮤지컬로 재탄생하게 된다.

뮤지컬과 영화, 가장 미국적인

/

3~4시간 동안 이어지는 오페라 대신 2시간 내외의 짤막한 오페

레타, 모든 대사를 노래로 처리하는 대신 아리아와 합창 부분만 노래로 처리하는 오페레타는 무겁고 비극적인 서사구조 대신 해피엔딩으로 끝나는 희가극인데, 이것을 현대적으로 재해석해 만든 것이 뮤지컬이다. 레퍼토리 역시 새롭게 만들기보다는 기존에 널리 알려진 것을 20세기 미국을 배경으로 리메이크해 보여주는 경우가 많았다. 이를테면 베르디의 유명한 오페라 〈리골레토〉는 뉴욕 이스트 사이드를 배경으로 하는 갱단 스토리로 재탄생했으며, 〈로미오와 줄리엣〉 역시 웨스트 사이드의 갱단 스토리인 〈웨스트 사이드 스토리〉로 거듭나면서 1940년대 뉴욕 브로드웨이에서 전성기를 누리게 된다.

한편 기존의 연극과 오페라를 대체할 만한 가장 대중적이고 미국적인 볼거리가 등장했으니 바로 영화였다. 최초의 영화는 1895년 12월 28일 프랑스 파리의 어느 카페에서 뤼미에르 형제가 '시오타 역에 도착하는 기차' 장면을 50초 동안 찍어 보여준 거였다. 이 정도라면 너무 짧아서 영화라기보다는 동영상 수준의 기록물에 불과하다. 당시 영화필름 1롤의 길이는 15~17미터였는데, 이는 1분 정도의 짧은 영상을 보여줄 뿐 스토리가 있는 서사구조를 담기에는 한계가 있었다. 그러다가 20세기 초가 되어 300미터짜리 릴 테이프가 등장하면서 15분 정도의 영상이 가능해졌고, 이것을 대여섯 개 갈아 끼우면 90분 남짓한 영화를 만들 수 있었다.

하지만 소리는 아직 지원되지 않았다. 전용 영화관도 없어서 카페나 소극장에서 불을 끄고 보여주었는데, 소리 없는 영화는 너무 심심했기 때문에 영화를 틀면서 피아노 반주자가 피아노를 연주하곤 했다. 이러한 관행이 확산되자 1910~20년대 영화필름에는 반주자를 위한 연주곡 목록이 첨가되기도 했다. 이를테면 '러시아인이 등장하는 씬에서는 무소르그스키의 음악을 연주할 것'이라고 덧붙이는 식이었는데, 이는 이후 영화 특유의 OST(original sound track)로 발전하게 된다.

흔히 영화와 연극이 비슷한 장르라고 생각하기 쉽지만 이 둘은 태생부터가 다르다. 연극에서 가장 중요한 것은 대사이지만 초기 영화에서는 대사가 불가능했다. 연극에서 시간은 무제한이지만 초기 영화에서 시간은 매우 짧았다. 대사가 없고 길이가 짧은 영화의 특성상 특유의 카페라 편집기법이 발달하게 되는데, 클로즈업, 디졸브, 분할 스크린, 역앵글, 카메라의 움직임을 통한 프레임 변화 등은 연극에서는 불가능한 영화만의 기법이다. 특히 대사 없이 주인공을 임팩트있게 보여주는 기법은 영화만의 고유한 영역이어서, 21세기인 지금까지도 과묵한 주인공들이 등장한다. 위기에서 사람을 구한 뒤 말없이 사라지는 슈퍼맨, 무뚝뚝한 말투로

"I'll be back(곧 돌아올게)"이라는 말을 남기며 뜨거운 쇳물 속으로 들어가 녹아버리는 터미네이터, 쉭쉭거리는 쉰 목소리로 "I'm your Father(내가 네 아버지다)"라고 말하는 스타워즈의 다스베이더 등이 그들이다. 이들의 공통점은 평소에는 매우 과묵한 채 분위

기로 압도하다가 결정적인 말 한마디를 남긴다는 것으로, 독백 위주의 햄릿, 아마데우스, 신의 아그네스 등 연극의 캐릭터와는 전혀 다른 성격을 가진다.

화면 가득 클로즈업되는 슈퍼히어로들이 스크린에 등장하기 시작하면서 미국은 점차 20세기의 문화중심지가 되어갔고, 그 문화를 향유한 계층은 새롭게 등장한 노동자들이었다. 이들은 18세기의 부르주아를 대체하는, '대중'이라는 새로운 문화소비집단이 되어갔다. 이렇듯 연극, 오페라, 뮤지컬, 영화 등은 유럽과 미국에서 매우 점진적인 과정을 거쳐 발전했지만, 우리나라에서는 이 모든 것이 매우 압축적으로 진행되었다.

우리나라의 극장

/

우리는 조선시대부터 사랑채에 식객을 초대하여 서화를 후원하는 문화는 있었지만 유감스럽게도 연극을 후원하거나 통치의 수단으로 활용한 예는 없었다. 이는 일본의 노(能), 중국의 경극(京劇)이 귀족의 후원 아래 정교하게 발달한 것과 비교해볼 때 아쉬운 부분이다. 다만 마당놀이나 산대놀이라 하여 마당이나 가설무대 격에 해당하는 산대(山臺)에서 벌이는 탈춤이 연희되었는데, 양반가의 후원 아래 발달한 것이 아니기 때문에 풍자와 해학이 돋보이는 저항문화의 성격을 띠는 것이 특징이다.

우리의 연극문화는 일제 강점기 일본에 의해 이식되었다. 당시 일본에서는 신파(新派)가 유행해서 1930년대 조선에도 신파극이 유행하게 된다. 지금 신파라고 하면 과장된 몸짓과 정형화된 대사를 사용하는 억지 연기로 인식해서 주로 코미디의 소재로 사용되곤 하지만, 뉴웨이브(new wave) 즉 새 물결이자 신경향이라는 뜻을 가진 신파는 새로운 사조의 연극이었다. 1930년대는 일제의 통치가 무단정치에서 문화정치로 바뀌던 시기였다. 로마시대의 서커스, 엘리자베스 여왕시대의 연극과 같은 노회한 식민정치의 일환으로 신파의 유입과 함께 극장과 영화관이 세워졌다. 1935년 태평로 1가에 세워진 부민관(府民館), 1936년 명동에 세워진 시공간이 그것이다.

지하 1층 지상 3층 규모의 부민관은 대강당, 중강당, 소강당과 담화실, 토론실 등이 마련되어 있고 중앙냉난방시설까지 갖춘 최신 건물이었다. 당시 서울은 '경성부'라 불리고 있어서 부민(府民)이란 요즘의 시민에 해당한다. 부민관이란 시민회관이었고, 내부에 여러 종류의 강당과 담화실을 갖춘 것으로 보아 로마의 포럼과 같은 성격을 갖는 곳이었다. 그런데 부민관에 극장이 있었다는 것은 우연이 아니었다. 로마는 시내 중심부에 포럼과 극장을 설치하고 이후 점령지의 도시에도 같은 방식을 따랐는데, 일제는 식민도시를 건설함에 있어 로마의 방식을 모델로 삼았다. '태평로'라는 새로운 도로를 개설하고 그곳에 포럼과 극장을 합친 부민관을 지었다. 국립극장의 성격이 짙었기 때문에 관주도의 행사가 자주 열렸는데 1945년 7월 24일 친일어용적 성격의 아세아민족분격대회가 열리던 날에는 부민관 폭파사건이 발생하기도 했다. 이후 8월 15일에 해방을 맞이했기 때문에 마지막 의거로 기록되어 있다.

한편 명동의 시공간은 민간이 지은 최초의 영화관이었다. 1936년 1월 일본인 이시바시가 건축하였는데 본래 이름은 명치좌(明治座)였고 당시로서는 생소하게 바로크 양식으로 지어졌다. 일본인이 많이 살던 명동은 최초의 은행과 백화점이 있던 상업중심지이자 핫플레이스였고 이곳에 영화관이 들어선 것이다. 주로 일본영화를 상영하였는데 해방 후에는 국립극장이 되었고 이후 잠시 증권회사에 매각되어 영업장으로 사용되다가 2009년 6월에 연극전문공연장인 '명동예술극장'으로 새롭게 문을 열었다. 처음에는 영화관으로 지어졌다가 80여 년의 세월이 지나 연극극장으로 재편된 예인데, 본디 유럽에서는 연극이 먼저였다가 이후 영화로 발전하게 된 것과는 반대의 현상이라 할 수 있다.

한편 해방 후에 지어진 가장 유명한 극장은 1973년에 완공된 장충동 국립극장과 1978년에 재건된 세종문화회관이다. 정치는 언제나 '빵과 서커스'였다. 박정희 대통령의 재임기간이던 1970년대 공업화와 근대화를 추진하면서 빵을 제공했고, 이제 서커스가 필요해졌다. 1960년대 경복궁에 국립박물관을 지어 애국심을 고취시켰

명동예술극장은 처음에는 영화관으로 지어졌다가 80여 년의 세월이 지나 연극 극장으로 재편된 예이다. 본디 유럽에서 연극이 먼저였다가 이후 영화로 발전하게 된 것과는 반대의 현상이라 할 수 있다.

고 70년대에는 국립극장을 지어 문화산업을 주도해야 하는 필요성이 제기된 것이다. 장충동 국립극장은 경복궁의 경회루에서 모티브를 얻어 디자인되었고, 1973년 10월 이곳에서 〈성웅 이순신〉이 개관작으로 상연되었다. 5·16 군사쿠데타를 통해 정권을 잡은 박정희 대통령은 위기에서 나라를 구한 이순신 장군의 이미지를 많이 차용했다. 〈성웅 이순신〉을 초연한 것에서 알 수 있듯이 연극이란 순수예술로서 존재하기보다는 국론을 통일시키기 위한 기제로 작용한다.

아울러 세종문화회관은 일제 강점기의 부민관이나 로마의 포럼 같은 성격도 가지고 있었다. 세종문화회관은 1961년에 개관한 서울시민회관이 전신으로, 1972년에 큰 화재가 난 후 6년 만에 새로 지은 것이 지금의 세종문화회관이다. 시민회관 자리에 다시 지어진 것이기 때문에 박 대통령은 그곳을 5000명의 인원을 수용할 수 있는 대회의장으로도 사용할 계획을 가지고 있었다. 1972년에 발표된 유신헌법에 의해 대통령은 직선제가 아닌 통일주체국민회의를 통한 간접선거방식으로 바뀌었는데 그 대의원 수가 2,000명 이상 5,000명 이하로 정해져 있었기 때문이다. 하지만 이는 건축계의 반발로 무산되고 대신 다목적 공간으로 계획되었다. 그리고 1978년 세종문화회관이 완공되고 난 이듬해 박 대통령은 급서하게 된다.

그 후 장충체육관에서 간접선거를 통해 당선되고 잠실실내체육관에서 취임식을 한 전두환 대통령은 1984년 예술의 전당을 착공

한다. 70년대가 근대화와 공업화를 빠르게 추진하던 시기였다면 80년대는 그 첫 열매를 조금씩 맛보던 시기였다. 체육관 선거를 통해 선출된 대통령이라는 이미지를 지우기 위해 전두환 대통령은 자율화 정책과 문화사업을 추진했다. 취임 직후 야간통금을 해제하고 중고생의 교복을 전면 폐지시켰으며 컬러 TV 방송이 시작되고 프로야구가 출범했으며 88 서울올림픽 유치에 성공하고 '국풍 81'이라는 대규모 문화행사를 개최하는 등 숨가쁜 문화정책을 쏟아내었다. 70년대의 박대통령이 국립박물관과 세종문화회관을 지었다면, 80년대의 전두환 대통령은 독립기념관(천안, 1982년 착공, 1987년 준공)과 예술의 전당을 지었다(1984년 착공, 1993년 준공). 이렇듯 우리나라의 대형 국립극장은 박정희 대통령과 전두환 대통령 시절에 문화정책의 일환으로 지어졌다는 공통점이 있다. 쿠데타로 정권을 잡은 독재자는 극장을 좋아했다. 로마의 대형 극장과 경기장이 그러했고 영국의 엘리자베스 여왕이 그러했으며 프랑스 파리에서 가장 유명한 오페라 극장 역시 나폴레옹 3세의 손길로 지어졌다. 당시로서도 상당히 복고풍에 해당하는 오페라 극장은 쿠데타로 정권을 잡은 지도자의 무도함을 감추어주기에 가장 좋은 도구였다. 화려한 옷에 어여쁜 분장을 한 배우들이 올라선 무대가 현실을 잠시 잊게 해주듯, 극장은 권력의 추악한 모습을 잠시 잊게 해주었다.

유럽에서 극장이란 연극이나 오페라를 공연하는 곳이다. 그런데 우리나라에서 '극장에 간다'고 하면 연극이나 오페라가 아닌 영화를 보러 가는 것이라 생각할 만큼 극장이란 곧 영화관과 동의어이다. 유럽에서 고전 연극을 거쳐 오페라, 뮤지컬의 단계를 지나 영화가 완성되던 일련의 단계를 건너뛰고 일제 강점기에 최초의 영화관이 명동이 들어서면서 세워지고 해방 후 종로 3가에 단성사와 명보극장, 서울극장이 들어서면서 영화의 중심지가 된 역사 때문이다. 아마 그 즈음이었을 것이다. 영화관에서 영화를 상영하기에 앞서 애국가를 연주하고 대한뉴스와 문화영화를 상영하던 것이. 1970~80년대까지만 해도 우리나라는 영화를 찍을 만한 충분한 인프라가 갖추어져 있지 않아서 한두 명의 스타급 배우만 있으면 저예산으로 단기간에 찍을 수 있는 에로영화가 많았다. 애국가가 연주되고 대통령 내외의 해외순방을 알리는 대한뉴스가 상연되고도 모자라 산아제한, 수출입국 등 국가정책을 홍보하는 문화영화까지 모두 끝나고 난 뒤 〈피조개 뭍에 오르다〉, 〈뻐꾸기 온몸으로 울었다〉 등의 에로영화가 상영되는 것은, 동물과 인간의 혈투가 진행되는 야만적인 현장에 황제가 시민의 박수를 받으며 입장하여 함께 관람하던 로마의 극장 풍경과 묘하게 겹친다. 극장이란 곧 권력의 투사장이었던 것이다.

6

학문의 자율성과 다양성을 모색하던 공간

대학

해마다 5월이 되면 대학의 캠퍼스에도 본격적인 봄이 오면서 축제가 시작되고 중고생들의 캠퍼스 투어도 시작된다. 10~20명의 중고생들이 대학생을 따라다니며 캠퍼스에 지어진 건물에 대한 설명을 듣는 것인데, 중세 고딕양식의 건물로 지어져 아름답다는 이야기를 빼놓지 않는다. 우리나라에서 캠퍼스가 가장 아름답기로 소문난 대학의 본관은 그리스 신전을 연상시키는 모습으로 지어졌고 그 옆에는 노트르담 성당을 연상시키는 다목적 홀도 있다. 고딕은 12~13세기에 유행했던 건축양식이고 그리스 신전은 기원전의 건축양식인데 그렇다면 왜 20세기의 대학이 천 년과 2천 년의 세월을 뛰어넘어 고딕과 그리스 양식으로 지어진 것일까.

중세의 신학대학

초등학교, 중학교, 고등학교, 대학교처럼 우리나라의 모든 정규교육과정에는 '학교'라는 명칭이 붙기 때문에 대학 역시 중·

고등학교에서 더 전문적으로 발달한 것이라고 생각하기 쉽지만, 대학은 그 기원이 다르다. 이는 초등학교와 중·고등학교는 스쿨(school)이라 부르지만 대학은 유니버시티(university)라고 명칭을 달리하는 것에서도 드러난다. 초등학교, 중·고등학교, 대학교는 서로 다른 출발점에서 시작하였다가 19세기 무렵 연령대에 맞추어 근대적 학제로 재편된 것에 불과하다. 중세시대 대학에 해당하는 것은 성당과 수도원에 종속된 학교(scolar) 즉 신학대학으로 라틴어 성경을 읽으며 스콜라 철학을 공부하던 곳이었다. 하지만 중세의 스칼라는 아직 대학이 아니었고 또한 스칼라가 발달하여 현재의 대학이 된 것도 아니다. 최초의 대학은 11세기 이탈리아의 볼로냐 대학을 거론한다.

중세는 7~8세기 프랑크 지역의 카롤링거왕조시대에 지적 부흥이 한 번 있었고 11~12세기에 또 한 번의 지적 부흥이 있었다. 이때는 십자군 운동 이후 아랍으로부터 수학과 천문학을 받아들이면서 유럽 지성사에 변화가 오기 시작하고 건축적으로는 고딕시대가 시작되면서 파리의 노트르담 성당, 아미앵 성당, 독일의 쾰른 대성당 같은 성당들이 지어지던 때였다. 동방문화의 유입에 따른 과학과 수학의 발달 및 그리스 철학의 부활로 특징 지을 수 있는 이 시기를 '12세기 르네상스'라 부르기도 한다. 이즈음 유럽에서는 자유도시가 탄생했다. "도시의 공기가 나를 자유롭게 한다"라는 말을 들어보았을 것이지만, 애석하게도 동양문화권에서는 이 말을 완벽하게 이해할 수 없다. 여기서 도시는 자유도시 혹은 자치도시를 지칭하는데, 동아시아에서는 자유도시가 없었기 때문이다. 엄밀히 말해 동양문화권에서는 도시는 없고 도성과 도읍만 있었을 뿐이다.

우리나라의 진통도시들은 수도를 '경(京)'이라 칭하고 그 아래 지방도시를 '주(州)'라 일컫는다. 고려시대 개경, 서경, 동경 혹은 남경의 3경이 있었고, 중국과 일본에서도 동경, 남경, 북경 등 왕이 머무는 수도에는 항상 '경'을 붙였다. 그 아래 왕이 직접 중앙에서 지방관을 파견하여 다스리는 지방도시를 '주(州)'라 하였는데, 그 흔적은 지금도 남아 있다. 충청도의 명칭은 충주와 청주에서 따왔는데 이는 조선시대부터 목민관을 파견했던 거점도시였다. 전라도 역시 전주와 나주라는 명칭에서 유래하며, 경상도는 경주와 상주, 제주도 역시 제주에서 유래한다. 강원도는 강릉과 원주에서 명칭을 따왔는데 강릉의 옛 명칭은 본래 명주였다. 지금도 지방행정의 중심지가 되고 있는 이 도시들은 한결같이 '주'가 붙는데, 조선시대부터 지방관을 파견하고 때로 감시를 위해 암행어사까지 파견했을 정도로 정치적 성격이 짙은 행정도시였다. 동아시아에서 도시란 곧 정치도시를 말한다.

한편 유럽에서 도시란 자생적으로 발달한 상업도시이자 자치권을 획득한 자유도시의 성격이 짙다. 르네상스 시기 이탈리아의 베네치아, 피렌체 등을 생각해보면, 무역과 상업이 발달한 도시이지 왕이 총독을 파견하여 다스렸던 곳이 아니다. 당시 이탈리아는 왕이 존재하지 않았고 다만 로마 교황의 지배령 아래 있었지만 그 권한은 미약한 편이었다. 이처럼 유럽의 도시들은 상업도시이자 자치권을 행사하는 자유도시의 성격이 강하다. 중세도시에서 상인들이 동종직업 연합인 길드를 조직한 것도 그 때문이었다. 동양의 도시에서 장인들은 관청에 소속되어 있어서 자유롭지는 못해도 관의 보호를 받았지만, 중앙정부의 통제를 받지 않아 자칫 무법천지가 될 수 있는 자유도시에서 상공인의 권익을 보호할 길드는 필수적이었다. 길드는 연합, 무리, 모임, 동아리 등의 뜻을 가지고 있어서 비단 상공인들뿐 아니라 이해관계를 같이하는 사람들이 조직하기도 했는데 대학도 이러한 분위기에서 탄생했다.

최초의 대학이라 할 수 있는 이탈리아의 볼로냐 대학은 12세기 말 법학부 학생들의 길드로 출발했다. 이들은 '유니베르시타스 스콜라리움(Universitas Scholarium)'이라 불렸는데 유니베르시타스가 연합, 스콜라리움은 학생, 학자 등을 뜻했으니 '학생연합'이라는 뜻이다. 12세기 볼로냐의 학생연합은 교수임명권까지 가지고 있었으며 투표로 총장을 선출했다. 이에 볼로냐 시 당국이 학생연합을 불법으로 간주하자 연합은 끈질긴 투쟁과 함께 캠퍼스를 인근의 다른 도시로 옮기기까지 했다. 대학 캠퍼스를 옮긴다는 것이 상상이 되지 않지만, 당시의 대학 캠퍼스는 요즘처럼 명확한 대지를 확보해 건물을 지어놓은 학교가 아니었다.

캠퍼스(campus)란 본래 로마시대 병사들의 주둔지를 말한다.

당시 학생들이 공부하던 캠퍼스 건물은 지금 남아 있지 않다. 대학이 독자적인 건물을 짓는다기보다는 학생들이 적당한 곳으로 이곳저곳 옮겨 다니며 수업을 들었기 때문이다.

야영을 가서 텐트를 치고 숙박하는 것을 캠핑(camping)이라 하고 어떤 조직의 본부 역할을 하는 곳을 베이스캠프(base camp)라 하듯, 라틴어에서 캠프(camp)는 주둔을 말한다. 여기에 명사형 어미 us를 붙여 '캠퍼스'가 되었다. 즉 캠퍼스란 특정 건물을 뜻하는 것이 아니라 학생들이 모여 공부하는 장소 내지는 학생연합의 근거지 정도의 뜻이다. 학생연합은 그들의 베이스캠프를 언제든지 옮겨 다닐 수 있었다. 지금도 대학 캠퍼스가 갑자기 이전하면 그 지역 상권에 큰 변화가 생기듯 중세 상업도시에서 캠퍼스 이전은 상권에 큰 타격을 받는 일이어서 상인들의 길드가 가만있지 않았다. 결국 로마교황청이 개입하여 학생 편을 들게 된다. 1245년 학생연합의 합법성을 인정하고 총장선출권을 부여함으로써 볼로냐 대학이 탄생할 수 있었다. 지금도 대학 총학생회의 힘이 세서 정치적 이슈에 따라 수업거부를 하기도 하고 교수를 향해 퇴진압력을 넣고 때로 총장선출권을 요구하기도 하는데 이는 대학의 시원이 학생연합으로 시작해 총장선출권을 쟁취해냈던 역사가 있기 때문이다.

당시 학생들이 공부하던 캠퍼스 건물은 지금 남아 있지 않다. 대학이 독자적인 건물을 짓는다기보다는 학생들이 적당한 곳으로 이곳저곳 옮겨 다니며 수업을 들었기 때문이다. 현재의 대학가 혹은 대학촌이라는 말처럼 학생연합이 있는 동네를 라틴구역(당시 학생들은 라틴어를 상용했기 때문에 대학촌을 라틴구역이라 불렀음)이라 불렀다. 수업장소는 교수의 집이나 교수가 집세를 내고 빌린 홀(hall)

에서 할 수도 있었고 여관(inn)도 좋은 장소였다. 여러 사람이 모일 수 있는 여관은 중세시대 숙박업소를 넘어서는 다목적 시설이었다. 영국에서 최초의 극장이 여관과 비슷하게 지어졌다고 했는데 연극이 상연될 수 있는 장소라면 강연도 가능하다. 지금도 고풍스러운 대학의 강의실은 객석에 단차가 있어서 연극무대와도 비슷한데 중세의 흔적이다. 영국 고어(古語)에서 '인(inn)'은 여관뿐 아니라 법대생의 기숙사를 의미하기도 하는데 이것 역시 여관에서 공부를 했던 방증이다. 중세 영국에서 법관을 양성하던 법학부는 법정 역할을 했던 웨스트민스터 사원 인근에 있었고 학생들은 그 옆에 있는 여관 마당(Inns of Court)에서 생활하며 공부했다.

한편 교수들의 길드가 대학으로 발전한 곳도 있었다. 12세기 파리 노트르담 성당의 신학부에는 국내외에서 몰려든 여러 교수들이 많았고 이들도 교수연합인 '유니베르시타스 마기스토룸(Universitas Magistorum)'을 구성했다. 이들은 학문연구와 강의 면에서 자율성을 요구했다. 본디 성당의 신학부 소속이었기 때문에 신학이 아닌 다른 학문 이를테면 그리스 철학을 이단으로 규정해 금지하고 있었기 때문이다. 그런데 교수들이 연합을 조직하여 학문연구에 자율성을 요구하자 수도원장과 갈등을 빚게 된다. 학위 수여권, 강의 허가권 등을 놓고 사사건건 이견이 오갔고 이에 국왕 필리프 2세와 로마 교황청이 나서서 교수들의 요구를 수용하도록 함으로써 파리 대학이 탄생하게 된다.

중세의 수도원은 단순히 수도자들의 생활공간이 아닌 그 지역의 문화중심지 역할을 했으며 도서관을 훌륭하게 갖추고 있었다. 그렇기 때문에 대학건물에는 수도원적인 요소가 강하게 스며들어 있다.

성당에서 부설로 운영되던 신학부가 독립하여 대학이 되었으니 파리 대학의 건물은 수도원이나 성당과 비슷했다. 특히 예배실, 식당, 마당, 도서관, 수도사들의 숙소 등 여러 공간이 유기적으로 결합된 수도원이 대학건물로 더 적합했다. 중세의 수도원은 단순히 수도자들의 생활공간이 아닌 그 지역의 문화중심지 역할을 했으며 도서관을 훌륭하게 갖추고 있었다. 그렇기 때문에 대학건물에는 수도원적인 요소가 강하게 스며들어 있다. 역사가 오랜 유럽대학의 건물 중에는 중세의 성당과 수도원을 연상시키는 것들이 많은 것은 이 때문이며, 학위수여식 때 입는 검정색 가운과 학사모는 중세시대의 복장들이다.

이탈리아의 볼로냐 대학과 프랑스의 파리 대학은 13세기 유럽의 양대 대학이라고 할 수 있는데 이 모두는 학생연합 혹은 교수연합에서 출발해 자치권을 행사하게 되었다는 공통점이 있다. 지금 대학을 유니버시티(University)라 하는 이유는 볼로냐 대학의 학생연합인 유니베르시타스 스콜라리움, 파리 대학의 교수연합인 유니베르시타스 마기스토룸에서 유래한다. 아울러 대학 캠퍼스란 단일 건물을 말하는 것이 아니라 대학본부, 강의동, 학생회관, 도서관, 기숙사 등 여러 건물의 연합체로 구성되어 있고 교문 안의 건물뿐 아니라 교문 밖의 식당과 술집까지 모두 대학가라고 광범위하게 부르는 것은 중세시대의 특성에 기인한다. 중세의 자유도시가 봉건영주에게서 독립해 자율권과 자치권을 획득해 나가듯, 대학이 신학으로부터 독립해 학문의 자율성과 다양성을 찾아가는 과정이었다.

근대적 대학의 탄생, 영국

/

중세의 대학은 인문학부, 법학부, 신학부, 의학부 등으로 이루어져 있었고, 신입생들은 인문학부부터 먼저 배운 뒤 법학부, 신학부, 의학부 중 하나를 선택해 상위학부에 진학했다. 인문학부의 과목은 문법(라틴어 문법), 변론술, 논리학, 산술학, 기하학, 음악, 천문학 등의 7과목인데 이는 전문지식이라기보다는 중고등학교 과정과 비슷했다. 초등학교-중학교-고등학교에 해당하는 12년의 정규교육과정이 중세에는 확립되어 있지 않아서 학생들의 수준은 들쭉날쭉했다. 귀족의 자제들은 가정교사를 청해 집에서 공부했고 부르주아의 자제들은 성당학교나 기숙학교에서 배우는 등 통일된 학제가 없어서 실력은 천차만별이었다. 그래서 모든 신입생들은 2~3년의 인문학부 과정을 통해 기초적인 수학능력을 쌓은 뒤 일정 시험에 통과하여 상위학부에 진학할 수 있도록 했다. 대개 13~16세에 대학에 입학해 인문학부 과정만 마치고 그만두는 경우도 있었고 상위학부에 진학하고 싶어도 낙제나 유급제도가 있었기 때문에 인문학부만 몇 년씩 다니는 경우도 많았다. 그러다 보니 의학부나 법학부에는 20대에서 30대 학생까지 있었다.

중세대학의 전문과정은 신학, 법학, 의학이 주류를 이루었는데, 여기에도 시대에 따른 순위변화가 있었다. '모든 학문은 신학의 시녀'라는 명제가 있던 중세시대에는 단연 신학부가 우세했다. 이곳을 졸업해야 각 성당의 신부나 주교가 될 수 있었는데, 봉건제 사회에서 평민이 출세할 수 있는 얼마 되지 않는 기회 중 하나가 신학부를 졸업하여 신부가 되는 일이었다. 그러다가 16세기가 되어 왕권이 교황권을 능가하게 되면서 법치제와 관료제의 등장에 따라 법학부가 우세를 보인다. 이후 18세기 계몽주의 시대가 되어 인간의 사고와 지식이 중요해지면 철학부와 인문학부가 우세를 보이기 시작한다.

한편 19세기가 되면 유럽은 민족주의 개념이 대두되면서 대학에도 변화의 바람이 분다. 1789년 프랑스 대혁명이 일어나 왕정을 종식시켰지만 그 혼란기에 나폴레옹이 빠르게 정권을 잡으면서 1804년 그를 황제로 하는 프랑스의 제1제정이 탄생한다. 그 후 나폴레옹이 유럽 각국을 상대로 전쟁을 일으키면서 프랑스가 유럽을 군사적으로 지배하려는 야욕을 보이자 이에 대한 반작용으로 유럽 각국에서 민족적 정체성이 등장한 것이다. 그 와중에 급부상한 것이 영국의 케임브리지 대학과 옥스퍼드 대학이었다.

본디 두 대학은 중세시대 수도원에 부속된 학교였다. 그런데 청도교가 성장하면서 명예혁명과 종교개혁을 일으켜 수도원이 해체

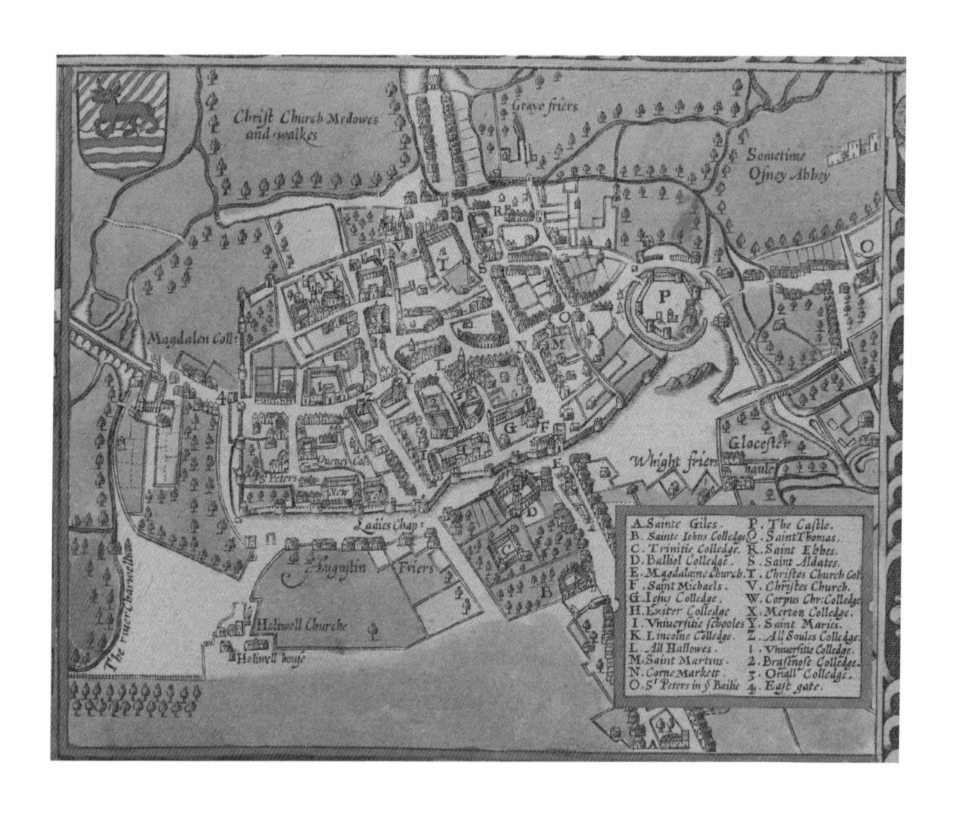

옥스퍼드와 케임브리지는 일종의 대학촌으로서 여러 개의 건물이 여기저기 흩어져 있는 형식이다. 왜냐하면 본디 중세의 수도원에 부속되어 있던 학교이기 때문인데, 수도원 자체가 이미 복합시설이었다. 17세기 옥스퍼드 대학 지도.

되자 부속학교는 독립하여 대학이 되었다. 하지만 이런 영국대학은 귀족들에게 큰 인기가 없었다. 귀족의 자제는 유럽에서 유학을 하거나 그랜드 투어(Grand Tour)를 하는 것이 원칙이었기 때문이다. 그랜드 투어는 영국 귀족사회의 중요한 관례였는데, '그랜드'라는 수식어에서 드러나듯이 단순한 여행이 아니라 짧으면 1~2년, 길면 7~8년도 걸렸다. 영국은 유럽대륙에서 떨어진 섬나라여서 문화나 학문에서 뒤처지지나 않을까 하는 우려를 갖고 있었다. 집에서 가정교사를 청해다가 배웠던 소년들은 10대 후반이 되면 가정교사와 함께 프랑스, 독일, 이탈리아 등을 여행했다. 특히 궁정문화에 따른 사교예절이 발달했던 프랑스와 로마 문화의 본향인 이탈리아에서는 몇 달씩 머무르면서 그곳의 교습소에 다녔다. 요즘으로 치면 유학이나 연수와 비슷한 과정이었고, 그랜드 투어를 다녀와야 국제적인 감각을 지닌 교양인으로 인정받았다.

영국에서 유럽으로 가자면 도버 해협을 건너 프랑스의 항구도시 칼레에 도착해야 했으므로, 프랑스는 유럽으로 가는 관문이었다. 그런데 전쟁으로 프랑스와의 관계가 악화되자 영국에서는 민족주의가 대두된다. 영국은 유럽대륙과 달리 가장 먼저 의회민주주의를 채택했던 우수한 나라이니 그랜드 투어 대신 국내 대학에서 공부하자는 인식이 확산된다. 이에 옥스퍼드와 케임브리지에서 공부하기 시작하면서 두 대학은 명문대학으로 급성장하게 된다. 이렇듯 민족적 자긍심에서 성장한 대학이었기에 대학건물에서 영국적 정서를 많이 간직하고 있다. 본디 수도원 학교였던 형태에 중세 영국건축의 특징인 인(Inn)의 특성을 갖추었다. 인이란 사각형의 안마당을 중심으로 주변에 방들이 빙 둘러진 형태로 가운데 안마당을 코트(court)라 부른다. 영국에서 법정을 코트라 하는 이유가 16~17세기 법대가 여관을 하나 빌려 사용되었기 때문으로, 인을 다목적으로 사용했던 것이 여기서도 확인되는 셈이다. 안마당을 갖는 ㅁ자형 구성은 영국 대학의 특징 중 하나이다.

아울러 옥스퍼드와 케임브리지는 일종의 대학촌으로서 여러 개의 건물이 여기저기 흩어져 있는 형식이다. 본디 중세의 수도원에 부속되어 있던 학교이기 때문인데, 수도원 자체가 이미 복합시설이었다. 성당과 학교, 도서관, 성경을 제작하는 인쇄소, 왕으로부터 하사 받은 장대한 농원, 그곳에서 생산된 작물을 가공하는 작업장, 순례여행객과 행려병자에게 식사와 숙소를 제공하는 여관과 병원, 주변의 노인과 고아를 구휼하기 위한 양로원과 탁아소 등 그 지역의 문화중심지와 복지시설까지 겸하는 복합단지였다. 이 전통은 지금도 남아 대학은 교육시설을 너머 그 지역의 문화중심지 역할을 겸하곤 한다.

독일과 프랑스의 대학

/

한편 이즈음 유럽에서는 민족주의 개념의 대두와 함께 새롭게 신고전주의(Neo Classism)가 유행하기 시작했다. 예술사조에서 고전주의란 그리스시대의 양식을 말한다. 고대 그리스 신전을 떠올려보면 금세 알 수 있는데 삼각형의 커다란 지붕, 그 거대한 지붕을 받치기 위해 늘어선 대리석 기둥, 그 아래 놓인 몇 개의 기단으로 이루어진 구성이다. 민족주의는 국수주의로 빠지기 쉽고 그렇게 되면 건축은 과거로 회귀하는 경향을 보인다. 19세기 유럽 각국에서 민족주의가 등장하자 고대 그리스 양식으로 회귀한 신고전주의가 등장했고, 이에 그리스 신전을 닮은 대학이 지어지게 된다.

중세에는 기독교라는 담론으로 국민을 통합했고 17~18세기에는 절대왕정 아래 국민을 통합했지만 그 모든 것이 사라진 19세기에 이르러 새로운 지배담론이 필요해졌다. 그 해답을 민족 정체성에서 찾은 것이다. "우리민족은 예로부터 특별하고 우수했으므로 지금도 우리는 단일민족 단일국가를 이루어 강성대국으로 발전해야 한다"는 1민족 1국가의 원리였다. 이는 19세기 새로운 강대국으로 부상하던 영국과 독일에서 특히 두드러졌고, 최초의 근대적 대학이라 할 수 있는 독일의 베를린 대학도 이 시기에 탄생했다. 1808년 독일의 철학자 요한 고트프리트 피히테(1762~1814)는 『독일민족에게 고함』이라는 책을 통해 애국주의가 그 나라의 중심에 있어야 한다고 했다. 하노버, 작센, 바이에른, 프로이센 등의 소왕국으로 나뉜 느슨한 연합체에 가깝던 독일이 점차 하나로 통일되던 시절이었다. 그중 가장 주도적 역할을 하던 프로이센이 나폴레옹과의 전쟁에서 패한 후 국가개혁의 일환으로 1810년 베를린 대학을 창설하게 된다. 강력한 프랑스 국력의 원인을 절대왕권, 집단화된 민족정신, 통일국가 등에 있다고 보고 독일정신의 함양을 강조하면서 학문육성을 국자적 정책으로 내세운 것이다.

이는 본래 대학이 학생연합 혹은 교수연합으로 세워진 것과는 달리 황제의 권한으로 설립된 대학이었다는 특징을 갖는다. 베를린 대학은 가장 저명했던 교수의 이름을 따서 현재 훔볼트 대학이라고도 불리고 있는데 그 외관은 프랑스의 베르사유 궁전 및 러시아의 에르미타주 궁전과 유사하다. 대학이 궁전과 비슷한 모습을 하는 것은 이 때가 처음인데, 절대왕정시대 프랑스와 러시아는 가장 강력한 왕권을 행사하고 있었다. 그리고 뒤늦게 통일되어 강대국으로 부상하고자 했던 독일은 내심 프랑스를 벤치마킹하고 있었으므로 황제의 권한으로 세우는 국립대학에 베르사유와 루브르 궁전의 모습을 투사했다. 물론 궁전의 외형을 그대로 대학에 가져다가 쓸 수는 없기 때문에 지나친 장식은 배제한 채 실용적으로 지어졌다.

아울러 학생들을 상대로 하는 직접교육뿐 아니라 성인들을 대상으로 애국심을 고취시키기 위한 간접교육도 실시한다. 그 장소로 유럽 전역에 박물관과 미술관이 건립된다. 18~19세기는 유럽 전역에서 박물관과 미술관이 세워진 시기라 할 수 있다. 그중에는 프랑스의 베르사유, 루브르, 러시아의 에르미타주 박물관처럼 본래 왕실의 미술품 콜렉션으로 시작했다가 이후 왕정이 붕괴되면서 대중을 위한 박물관으로 거듭난 사례가 있다. 프랑스와 러시아는 왕권이 너무 강력했기 때문에 결국 혁명이 일어나 민중의 손으로 왕정을 처단했다는 공통점을 가진다. 한편 명예혁명으로 의회민주주의를 발전시켰던 영국, 느슨한 제후국의 연합체였다가 뒤늦게 통일된 19세기 독일에서 박물관은 조금 다른 양상으로 지어졌다. 박물관이 애국심을 고취시키기 위한 국민교육의 장으로 적극 활용된 것이다.

독일의 베를린 구 박물관(카를 프리드리히 싱켈 설계, 1823~25), 영국의 대영박물관(로버트 스머크 설계, 1823~47) 등인데, 이들은 그리스 신전을 연상시키는 신고전주의 양식으로 지어졌다. 대학과 박물관은 서로 연관이 없어 보여도 19세기 독일과 영국에서 국민교육의 일환으로 건립되었다는 공통점을 갖는다. 동일한 시기에 동일한 목적으로 지어졌기 때문에 기능은 달라도 신고전주의라는 동일한 옷을 입고 있는 것이다.

독일에서 황제의 권한으로 대학을 육성하고자 했다면 반대로 민중의 손으로 대학을 없애버린 곳도 있었으니 프랑스였다. 1789년 대혁명이 일어난 후 국민공회는 1792년 기존의 대학을 폐교시키고 이공, 공예, 외국어, 음악, 미술 등의 실용교육을 전담할 각종 전문학교(ecole special)의 설립을 결의한다. 본디 노트르담의 성당 학교에서 독립한 것이 파리 대학인 만큼 프랑스의 대학들은 전반적으로 신학 중심이면서 성직자 양성을 위한 엘리트교육 위주였다. 그런데 이는 18~19세기가 되면 더 이상 시대에 맞지 않게 된다. 혁명으로 인해 민중이 등장했고 소수의 엘리트교육이 아닌 민중을 위한 전문학교로서 주로 공무원과 교사를 양성하기 위한 그랑 제콜(Grandes Ecoles), 전문직 기술자를 양성하기 위한 에콜 폴리테크니크(Ecole Polytechnique)를 창설한다. 물론 그 후에 전통적인 파리 대학, 소르본 대학 등도 다시 복원되었지만 그랑 제콜과 에콜 폴리테크니크는 프랑스만의 독특한 학제이며, 현재 대학과정에 해당하는 학력으로 인정받고 있다.

강성대국으로 성장하기 위해 황제의 권한으로 세운 독일의 베를린 대학, 민족주의의 대두에 따라 성장한 영국의 옥스퍼드와 케임브리지 대학, 황제를 처형했던 민중이 대학까지 폐교시키며 대신 내세운 프랑스의 전문학교, 이 모두는 서로 상반되어 보이지만 대학교육의 평등화와 대중화 과정이었다는 공통점이 있다. 이러한 대학교육이 가장 대중화된 곳이 20세기 미국이었다. 20세기의 특징은 '대중'의 등장이다. 앞서 17세기 귀족의 전유물이었던 오페라가 19세기가 되면 부르주아도 향유할 수 있는 오페레타가 되고 20세기 미국에서 영화와 뮤지컬이라는 대중문화가 되었듯 대학 역시

1789년 프랑스 대혁명이 일어난 후 국민공회는 1792년 기존의 대학을 폐교시키고 이공, 공예, 외국어, 음악, 미술 등의 실용교육을 전담할 각종 전문학교(ecole special)의 설립을 결의한다.

20세기 미국에서 대중교육이 되었다. 1960년대 미국에서 전체 고교 졸업생 중 46.6%가 대학에 진학하였다가 2000년대가 되면 전체 고교졸업생 중 80%가 대학에 진학하는데 이는 유럽 각국과 비교해 매우 높은 수치이다. 물론 이렇게 대학 진학률이 높은 데는 기존의 의학, 법학, 철학, 자연과학 외에 음악, 미술, 체육, 미용, 건강 등 갖가지 실용학문을 모두 대학에서 교육하기 때문이다. 반려견의 미용, 여성의 화장과 손톱 손질을 위한 미용교육, 스포츠 마사지, 방송용 춤과 가요를 가르치는 실용음악 등 본디 전통적인 학부에서는 가르치지 않던 과목을 대학에서 가르치기 시작한 곳이 미국이다. 미국의 대학은 직업양성소에 가깝다.

아울러 미국대학의 특징 중 하나는 산업사회의 도래와 함께 등장한 공과대학의 발달로, 산학협동 과정과 대학원을 중심으로 하는 연구 중심의 대학은 미국식 실용주의 이른바 프래그머티즘에 기반하고 있다. 이처럼 공과대학이 발달하면서 공대 캠퍼스의 건물은 조금 다른 형태를 띠기 시작했다. 기능주의 미학에 따르는 하이테크 건축의 형태로 지어지는 것이다. 산업혁명이 일어나 공장이 지어지고 거기서 싹튼 기능주의 건축이 공과대학 건물에 영향을 준 예라 하겠다. 흔히 MIT라 불리는 매사추세츠 공과대학은 그 이전까지는 없었던 새로운 건물형태이다. 본관은 백악관을 연상시키는 신고전주의 양식으로 지어졌지만 나머지 건물들은 하이테크의 형태를 따르고 있다. 20세기 새로이 등장한 공과대학의 양면적

특성이 그대로 드러난 것이다. 이것이 유럽과 미국에서 일어난 대학의 발달과정이었다. 그리고 그 모든 것을 숨가쁘게 따라잡고자 했던 19세기 일본은 당시의 강대국이었던 프랑스와 독일의 제도를 많이 모방하였다.

일제 강점기의 대학

/

조선 말 대원군이 쇄국정책을 실시했듯 19세기 일본도 밀려드는 외세에 놀라 빗장을 굳게 걸어 잠근 채 쇄국정책을 펼쳤다. 일본은 명목상 왕이 있었지만 허수아비와 같은 존재였고 실상은 무신정권이라 할 수 있는 막부가 지배하는 세상이었다. 급변하는 세상 속에서 기존의 지배질서를 유지하기 위해 쇄국정책을 펼치던 도쿠가와 이에야스가 1867년 사망하자 그 이듬해 메이지 일왕이 친정을 실시하면서 서양에 문호를 개방한다. 메이지 유신을 공표하고 왕명으로 교육칙서를 반포하면서 유럽의 대학을 모방한 학제를 도입했다. 일본은 교육분야에서 독일을 모델로 삼은 것 같은데 황제의 권한으로 세워진 베를린 대학을 모방한 제국대학을 설립했다. 일종의 국립대학이었기 때문에 도쿄를 비롯하여 교토, 규슈, 홋카이도 등 지방에도 제국대학이 세워졌고 또한 조선에도 경성제국대학이 세워진다. 뿐만 아니라 프랑스의 에콜 폴리테크니크와 비슷한 기술교육 위주의 전문학교도 세웠다. 제국대학과 전문학교, 이 두 가지는 일제 강점기 조선에도 상륙하게 된다.

본디 조선의 학제는 초등학교에 해당하는 서당이 있고 중·고등학교에 해당하는 지방의 향교와 한양의 4부학당이 있었다. 지방학교라는 뜻을 가진 향교(鄕校)는 국가에서 세운 관학이다. 조선의 거점도시는 그 명칭에 '주(州)'가 붙으며 왕이 직접 지방관을 파견했으며 또한 국가 차원의 공교육인 향교를 세우고 교원도 중앙에서 직접 파견했다. 그래서 지금도 파주향교, 나주향교, 진주향교와 같이 '주'에는 향교가 있으며, 교동, 교촌, 교하 등의 지명도 더러 남아 있다. 향교 근처의 마을을 뜻하는 말로서, 당시 향교는 지방의 문화중심지 역할을 하였기 때문에 교동이나 교촌에 사는 것은 자부심을 가질 만한 일이었다.

한편 한양에는 동서남북과 중앙의 다섯 군데에 학당을 두는 5부 학당 제도를 실시하고자 했지만, 북쪽을 제외한 4부 학당 제도가 운영되었다. 북쪽이란 경복궁의 뒤편을 말하는데 한양의 지형상 경복궁 뒤편은 북악산이 높게 솟아 있어서 마땅한 장소가 없었다. 지방의 향교와 한양의 4부 학당, 이것이 중등교육에 해당하는 조선의 관학이었다. 그런데 조선 중기부터 관학에 대비되는 사학이 등장하니 그것이 서원이었다.

서원은 유학자의 뜻을 받들기 위해 세운 일종의 사설교육기관으로 국가의 공인을 받아야 사액서원이 되었다. 사액(賜額)이란 액자를 수여한다는 뜻인데, 임금이 그 서원의 이름을 손수 적은 액자를 수여한다는 것은 국가에서 공인을 받았다는 의미이다. 본디 서원은 과거시험 중에서 초시에 합격한 자 위주로 입학할 수 있었다. 혹시라도 서원이 과거급제를 위한 입시학원 비슷하게 전락하는 것을 방지하기 위함이었다. 그런데 조선 중기 이후 문벌의 강화와 함께 양반이 사실상의 세습신분이 되어가면서 지방의 명문 종가를 중심으로 과거급제를 위해 자제들을 따로 교육시키기 위한 곳이 필요해지면서 서원이 증가했다.

조선 후기가 되면 서원이 점차 많아지면서 사학인 서원이 관학인 향교를 수적으로나 질적으로나 능가하게 된다. 지금도 공교육보다 학원 위주의 사교육 시장이 과열되는 양상을 보이고 있으며, 강남의 부촌에 명문학원들이 편중되어 있는 것을 볼 수 있는데 조선도 마찬가지였다. 지방의 향교와 한양의 4부학당, 그리고 사교육인 서원은 모두 조선의 최고학부인 성균관 입학을 목표로 하고 있어서 경쟁이 치열했다. 특히 명문 세도가에서 세운 서원에는 몇 년간의 기출문제를 모아놓은 이른바 '족보'가 있었고, 과거시험을 치르는 날에는 후배들이 같은 색깔의 두루마기를 맞춰 입은 채 각종 응원문구를 써놓은 종이 일산(日傘)을 준비해 와서 일제히 펼쳤다 접었다를 반복하며 응원전을 펼치는 상황에서 유일하게 무시험 전형으로 최연소 합격하는 이가 있었으니 세자였다. 어쩌면 성균관 자체가 세자를 위한 교육기관이었다고 볼 수 있다.

조선의 왕궁은 전조후침(前朝後寢)이라 하여 근정전을 중심으로 앞쪽에는 문무백관 조회를 위한 18개의 품계석이 늘어서 있고 뒤편으로 침소공간인 왕비의 교태전이 있었다. 서쪽에는 어머니의 공간인 대비전이 있고 동쪽에는 세자의 처소가 있었다. 그래서 동궁에 머무는 세자가 등교하기에 편하도록 성균관은 동대문 밖 동쪽에 두었다. 동양의 전통사상에 의하면 동쪽은 계절적으로는 봄이요, 시간적으로는 미래를 상징했다. 왕실의 미래는 동궁에 있었고 조선의 미래는 동문 밖 성균관에 있었으니 세자는 6세가 되면 성균관에 입학해 공부를 하였다. 그리고 성균관이 있던 명륜동과 혜화동 일대는 일종의 치외법권을 행사할 수 있는 특수구역이었다.

요즘도 대학가 하면 떠오르는 이미지가 각종 식당과 술집인데 당시에도 이 동네는 항상 술과 고기가 있었다. 조선시대에 술과 고기는 언제나 먹을 수 있는 것이 아니었다. 흉년이 들면 금주령이 내려지곤 했고 소는 농사를 지을 때 쓰이는 귀한 동물이라 함부로 도살하는 것이 금지되어 있었다. 그런데 성균관에서는 공자와 성현에 대한 제례를 지내야 하기 때문에 제사에 쓰기 위해 술을 빚고 소를 잡는 것이 허용되었다. 그래서 금주령이 내려져 있어도 이곳에 가면 술을 마실 수 있었고 소를 잡는 일이 빈번하다 보니 그 부산물인 가죽으로 신발을 비롯한 각종 가죽제품을 만드는 갖바치들도 몰려 살았다. 조선시대 소를 도축하고 그와 관련된 일을 하는 백정과 갖바치들은 천대를 받았다. 조선의 최고 엘리트 계층이라 할 수 있는 성균관 유생들과 하위계층이던 백정과 갖바치가 함께 어울려 살면서 나름의 자치권을 행사하던 곳, 그곳이 바로 조선의 대학촌이었다.

그런데 일제 강점기 일본은 이 성균관을 약화시키고자 근대적 학제를 도입하면서 1924년 동숭동에 경성제국대학을 개교한다. 경복궁 바로 앞에 조선총독부를 설치하고 전통적인 종로 상권을 누르기 위해 명동에 백화점을 세우고 남산의 국사당을 헐어 그 자리에 신사를 짓는 등 일본이 자행한 방법에는 일관된 규칙성이 있었다. 그 역할을 대체할 새로운 시설을 바로 그 인근에 세우는 것으로, 이번에도 예외는 없었다. 전통적인 교육과 문화를 장악하기 위해 성균관이 있는 명륜동 인근의 동숭동에 이공학부, 의학부, 법문학부를 갖춘 제국대학을 세웠고 그 옆에는 전문적인 공업기술자를 양성하기 위한 경성고등공업학교도 세웠다. 왕이 세운 국립대학이었기 때문에 외관은 독일의 베를린 대학과 유사했고 여기에 동양적 정서를 가미했다. 당시의 본관건물은 현재 문화예술진흥원으로 사용되고 있는데 지상 3층의 다갈색 벽돌로 마감되어 있다. 시인 이상(본면 김해경)이 다녔을 경성고등공업학교는 방송통신대 본관이 되어 지금도 사용되고 있다.

한편 미국 선교사들이 세운 학교도 생겼다. 이화학당, 연희학당, 배재학당 등이 그것인데, 뒤에 '학당'이 붙는 이유는 한양에 있던 4

이화학당, 연희학당, 배재학당 등이 그것인데, 뒤에 '학당'이 붙는 이유는 한양에 있던 4부 학당에서 따온 명칭이다. 미국 선교사들은 외래 문화를 이식함에 있어 거부감을 없애기 위해 우리 고유의 전통을 되도록 살려주는 편이었고 그들이 세우는 학교에도 학당이라는 이름을 붙였다. 사진은 배재학당 전경.

부 학당에서 따온 명칭이다. 미국 선교사들은 외래문화를 이식함에 있어 거부감을 없애기 위해 우리 고유의 전통을 되도록 살려주는 편이었고 그들이 세우는 학교에도 학당이라는 이름을 붙였다. 따라서 학당의 외관은 제국대학이나 베를린 대학의 모습이 아닌, 수도원의 모습과 유사하게 지어졌다. 지금도 이화여대, 연세대의 본관 건물을 비롯하여 배재학당 역사관(과거 배재학당 본관) 건물을 보면 수수한 가운데서도 어딘지 중세 수도원의 느낌을 많이 받는다.

아울러 우리 손으로 지은 민족계열의 학교도 세워지게 된다. 진명여학교, 숙명여학교, 보성전문학교 등이 그것인데 여기에는 조선 왕실의 후원이 있었다. 진명과 숙명은 고종의 비인 순헌왕후 엄씨의 희사가 있었고 보성 역시 고종의 희사금과 각지의 성금이 있었다. 민족계열의 학교라는 자부심이 강하다 보니 가장 이상적인 모델은 영불전쟁 이후 민족주의의 대두에 따라 성장한 케임브리지와 옥스퍼드였다. 그래서 보성전문학교는 본관을 비롯한 주요 건물들이 영국 중세대학에 영감을 받아 지어졌으며 해방 후 고려대학교가 되어 현재에 이르고 있다. 한편 해방 후에 세워진 특정 대학들은 우세 학부에 따라 캠퍼스 건물에 다른 컨셉이 작용되기도 했다. 미술계의 거두인 이중섭이 교수로 있는 홍익대학교, 건축가 김수근이 있는 국민대학교 등은 미술과 건축적인 특성을 살려 본관 건물에 바우하우스적 경향이 강한 본관건물을 지었다. 이렇듯 대학은 표방하는 이념과 시대적 경향에 따라 그 옷을 다르게 입는다.

우리나라 최초의 대학인 경성제국대학은 해방 후 서울대학교로 재편되면서 의학부만 남긴 채 관악캠퍼스로 이전을 하고 그 자리는 마로니에 공원이 되었다. 지금도 우리가 마로니에 공원이 있는 혜화동과 동숭동 일대를 대학로라 부르는데 조선시대에도 이곳은 성균관이 있던 곳이어서 매우 특색이 강한 곳이었다. 중세 유럽, 대학이 있던 곳은 자유도시의 전통이 강했고 또한 캠퍼스가 있던 대학촌 일대는 일종의 치외법권 지역과 비슷했는데 이는 조선시대에도 마찬가지였다. 최초의 대학이 있던 중세의 자유도시에서 지금의 대학로까지, 대학촌은 언제나 이렇게 자유로운 곳이다.

7

도시의 풍경과 사람들의 생활패턴을 바꾸다

철도

“우리는 머지 않아 시속 72킬로미터로 이동하는 조용한 기차 안에서 커피 한 잔을 마셔가며 글을 쓸 수 있을 것이다”라고 영국의 철도기술자인 브루넬이 자신의 일기에 적어놓은 것이 1841년의 어느 날이었다. 그는 런던의 패딩턴 역에서 출발해 항구도시인 브리스톨까지 가는 245킬로미터의 영국 대서부철도 건설작업의 책임기술자로 일하고 있었다. 1830년부터 시작된 철도건설은 1841년에 완공되었고 기차가 운행을 시작하자 그는 노트를 꺼내 위의 글귀를 적기 시작했다. 하지만 그 문장을 완성하기까지 많은 시간이 걸렸다. 기차가 몹시 덜컹거리는 통에 글씨를 제대로 쓸 수가 없었기 때문이다.

시속 300킬로미터로 달리는 고속열차 안에서 테이크아웃 커피를 마시며 스마트폰을 꺼내 애거사 크리스티 원작의 『오리엔탈 특급 살인사건』이라는 영화를 보기 위해서는 160여 년의 시간을 더 기다려야 했다.

산업혁명으로 탄생한 철도

/

지하철과 열차가 등장하기 전 주된 운송수단은 말과 마차였다. 본래 이들은 몹시 덜컥거려서 타기가 불편했는데 1500년경 헝가리의 도시 코치(Kocs)에서 완충장치인 스프링을 달아서 승차감을 높인 네 마리 말이 끄는 코우치(Coach)가 등장하면서 승용마차가 급증하게 된다. 19세기 도시의 발달에 따라 점점 이동인구가 많아지면서 프랑스에서는 시간에 맞추어 일정한 노선을 따라 달리는 노선마차가 나타났다. 시내와 교외를 연결하는 형태였고 옴니버스(Omnibus)라 불렸다.

1828년 파리 최초의 노선마차였던 옴니버스는 네 마리의 말이 끄는 10여 석의 승합마차로, 파리 도심의 10개 노선을 운행하다가 이후 18개 노선에 100여 대의 마차를 운행하는 최초의 운수회사로 발전하게 된다. 당시 파리 시내를 오가던 옴니버스의 모습들은 모파상의 단편에 선명히 묘사되어 있는데 모파상의 〈비곗덩어리〉는 여섯 마리의 말이 끄는 승합마차 안에서 일어나는 일이다. 본래는 네 마리의 말이 끄는 마차였지만 비곗덩어리가 무거웠는지 아니면 그녀가 준비한 음식바구니가 무거웠는지 네 마리로는 끌기가 어려워 두 마리를 더 묶어 여섯 마리의 말이 끌게 되면서 이야기가 시작된다. 한편 〈아버지〉는 교육성 직원인 주인공이 사무실로 통근하기 위해 타던 승합마차에서 거의 매일 아침마다 우연히 만나던 어느 여인과의 사랑과 이별을 다루고 있다. 모파상의 단편은 이러저러한 파리 소시민의 일상을 묶어 하나의 큰 그림을 그리는, 일종의 옴니버스식 구성이다. 지금도 영화나 드라마에서 자잘한 에피소드를 묶어서 하나의 작품으로 구성하는 것을 옴니버스 형식이라고 하는 것은 파리의 승합마차였던 옴니버스에서 유래한다. 여러 군데의 정거장을 거치기는 하지만 출발점에서 도착지까지 이미 정해진 노선대로 움직이며 큰 그림을 그려나가기 때문이다.

파리 시내와 근교를 운행하는 옴니버스가 있었다면 지방도시와 수도를 연결하는 광역적 승합마차인 역마차도 있었다. 이는 주로 영국에서 시골부자 격에 해당하는 요맨리들이 읍내에 여관을 열고 역마차도 함께 운행하는 경우가 많았다. 젠트리라면 런던으로 진출하여 젠틀맨이 되었겠지만 요맨리들은 향촌에 머물며 사업과 장사를 했다. 런던과 지방도시를 운행하는 역마차의 모습 및 젠트리와 요맨리의 계층구분을 명확히 보여주는 것이 찰스 디킨스의 『위대한 유산』이다. 어머니와 아버지가 일찍 돌아가셔서 대장장이인 매형과 누나 집에 얹혀 사는 가난한 시골 소년 핍에게 1년 중 가장 즐거운 날은 부활절과 크리스마스였다. 그날만은 읍내 장터에 나와 장을 보고 새 옷을 사 입은 다음 읍내 여관에서 점심 한끼를 사 먹을 수 있기 때문이다. 가난한 시골소년에게 읍내는 화려한 도회지였고 그곳에서 여관을 운영하는 요맨리는 가장 부유해 보였을 것이다. 그러던 어느 날 소년이 16세가 되었을 때 런던에서 변호사한 명이 대장간으로 소년을 찾아와, 신사교육을 받기 위해 런던으로 떠나야 한다는 말을 전한다.

떠나는 날 새벽, 읍내 양복점에서 급히 맞춘 빳빳한 시골양복을 입고 언제나 부활절과 크리스마스에 식사를 하던 시골여관에서 식어빠진 수프와 딱딱하게 굳은 빵으로 아침식사를 한 뒤 그 여관에서 운영하는 역마차를 타고 런던으로 출발한다. 그리고 런던에 도착해서는 다시 전세마차를 타고 변호사 사무실로 찾아간다. 런던과 지방을 연결하는 승합마차, 런던 시내를 다니는 일종의 택시와도 비슷한 전세마차로 세분되어 있는 것을 볼 수 있다. 디킨스가 이 작품을 저술한 때는 1860년경이었지만, 마차를 대체할 철도는 1830~40년대부터 서서히 등장하고 있었다.

본디 석탄채굴 광산에서 사용하던 석탄운반용 수레에 동력을 달아서 화물운송용으로 사용되던 철도는 1807년경부터는 승객운송을 시작한다. 그리고 1830~40년대 일반화되면서 19세기 말이 되면 기존의 말이 끄는 승합마차 운행은 사라지게 된다. 철도의 발달은 산업혁명과 관계가 깊다. 철도의 출발 자체가 광산에서 석탄을 운반하기 위한 용도였고 이후 석탄을 연료로 하는 증기기관차가 등장했기 때문이다. 물론 공장이 생기면서 철도는 더욱 필요해졌다. 원자재를 공급받아 공산품으로 가공한 다음 판매장으로 가져가야 하는데 이 모두는 대량생산이어서 말이 끄는 마차로는 역부족이고, 철도라는 새로운 대량운송 시스템이 필수적이었

공업도시 맨체스터와 항구도시 리버풀을 잇는 철도가 1830년 개통되었다.

다. 그리하여 공업도시 맨체스터와 항구도시 리버풀을 잇는 철도가 1830년 개통되었다.

식민지배라고 하는 것은 피식민지의 자원을 싼값에 사들여 본국의 공장에서 가공한 다음 다시 피식민지에 비싸게 되파는 것이다. 영국도 마찬가지여서 인도에서 생산할 면화를 리버풀로 들여와 기차로 맨체스터의 공장으로 운반해 가공한 다음 다시 기차에 싣고 리버풀로 가져가면 배가 기다리고 있었다. 면화를 가득 실은 배가 도착한 곳은 서아프리카였고 여기서 면직물을 팔고 흑인 노예를 사서 인도의 면화농장에 파는 삼각무역을 했다. 철도발달의 이면에는 제국주의의 얼굴이 숨어 있었다.

이렇게 철도가 발달하면서 많은 사람들이 기차를 타고 내리기 위한 철도 역사가 등장하게 된다. 역사란 불특정 사람들이 모이는 곳이자 수많은 동선을 처리해야 하는 다중시설이다. 건물 자체의 볼륨도 커야 하며 공간이 넓은 만큼 천장도 높아야 하고 내부 구조는 단순하면서 기둥이 없어야 한다. 이 모든 것을 만족시킬 수 있는 적당한 공간으로는 중세의 성당이 있었다. 성당 자체가 원래 고대 로마제국의 공회당에 해당하는 바실리카에서 유래했기 때문에 성당과 바실리카 등에서 사용된 공법으로 철도역사가 지어졌다. 공교롭게도 19세기는 고딕 부흥의 시기여서 외형도 고딕양식으로 지어진다. 특히 산업혁명의 여파로 철과 유리가 값싸게 대량 공급되면서 건축자재로 사용되는데 철골로 공간의 뼈대를 짜고 그 위에 유리로 지붕을 덮으면 온실과 같이 충분한 빛을 받을 수 있었다. 그리하여 19세기에 지어진 유서 깊은 역들은 철과 유리라는 신재료에 중세 고딕성당의 공법으로 지어지게 된다.

'시간'의 등장

/

한편 영국 전역에 철도가 보급되면서 시간의 개념이 명확해졌다. 기차는 정해진 시각에 맞추어 출발을 하는데 단 몇 분 차이로 놓칠 수도 있었다. 시간을 정확히 맞추는 것과 동시에 영국 전역의 시간을 하나로 통일한 필요성이 생겼다. 그전까지 영국에서 통일된 시간은 존재하지 않았는데, 이건 비단 영국만의 문제가 아니라 전근대사회의 특징이기도 했다. 지역 성당을 중심으로 시간을 맞추다 보니 각 도시마다 5분에서 10분 정도 차이가 나곤 했다. 하지만 1880년 그리니치 천문대를 기준으로 하는 시각이 영국 표준시로 제정되었고 이것이 현재 세계 표준시가 되었다.

정해진 궤도 위를 매일 정해진 시간에 달리는 영국 철도의 모습은 『80일간의 세계일주』에 그대로 투영되어 있다. 언제나 일정한 시간에 일어나 일정한 시간에 집을 나서 클럽에 도착하는 영국신사 필리어스 포그의 모습은 매사에 시계처럼 정확한 영국 기계문명을 상징하고 있다. 발달한 기계문명 덕에 세계는 훨씬 좁아졌으

『80일간의 세계일주』 표지. 실제 소설을 읽어보면 요즘의 여행기처럼 각지의 풍경이나 지리, 문화에 대한 이야기는 나오지 않는다. 열차를 어디에서 어떻게 환승하는지가 이야기의 대부분을 차지하고 있는데, 당연히 그 기차는 영국이 식민지 인도에 부설한 것이었다.

며 이제 80일이면 세계일주가 충분히 가능하다는 것을 보여주기 위해 그는 타임스케줄을 작성하여 보인다. 런던에서 수에즈까지 7일간, 수에즈에서 뭄바이까지 13일간, 뭄바이에서 캘커타까지 3일간, 캘커타에서 홍콩까지 13일간, 홍콩에서 요코하마까지 6일간, 요코하마에서 샌프란시스코까지 22일간, 샌프란시스코에서 뉴욕을 거쳐 런던까지 16일간, 총합 80일간의 계획표를 제시한다. 그전까지 세계여행을 하자면 육로는 마차를 타고, 해로는 돛을 단 범선을 타야 했으니 몇 달은 족히 걸렸다. 하지만 증기기관으로 움직이는 철도와 여객선의 발명으로 세계는 80일 만에 일주가 가능할 정도로 좁아졌다는 것을 보여주는 게 이야기의 목적이다.

그런데 세계일주라고 했지만 여행지는 인도와 미국에 편중되어 있고 동아시아 국가로는 홍콩과 요코하마를 경유할 뿐인데 당시 홍콩은 영국령이고 요코하마는 개항 항구였다. 즉 일주를 하고자 하는 세계란 영어가 통하는 영국령일 뿐 프랑스령이던 베트남, 광대한 아프리카와 남미는 대상에서 제외되어 있었다. 실제 소설을 읽어보면 요즘의 여행기처럼 각지의 풍경이나 지리, 문화에 대한 이야기는 나오지 않는다. 열차를 어디에서 어떻게 환승하는지가 이야기의 대부분을 차지하고 있는데, 당연히 그 기차는 영국이 식민지 인도에 부설한 것이었다.

모든 것이 정확했던 신사는 새로운 곳에 도착할 때마다 시차를 적용하여 시계를 현지시간에 맞추지만, 그러나 하인 파스파르투는 시계를 전혀 맞추지 않는다. 아니 그는 아예 시차를 인정하려 들지 않는다. “내 시계는 영국을 떠나올 때 그리치니 천문대에서 시각을 맞추었다. 그러니 내 시계가 가장 정확하다. 그리니치 천문대의 시각 말고 세상에 또 어떤 다른 시각이 존재할 수 있다는 말인가” 하는 것이 그의 지론이었다. 매사에 빈틈없었던 영국신사는 인도의 어느 숲속에서 사티(남편이 죽어 화장을 할 때 수절의 의미로 그 불 속에 아내가 뛰어들어 함께 죽는 인도의 풍습)의 희생양이 될 뻔한 여인을 구출함으로써 하루를 허비하게 되고, 결국 80일 만에 세계일주가 가능하다는 것을 증명해 보이는 데 실패하게 된다. 아니 실패한 것처럼 보였다.

동쪽으로 전진을 하며 일주하였기 때문에 결국 하루를 벌었음을, 그래서 80일간의 세계일주가 가능했음을 밝혀낸 이는 그의 하인이자 절대 현지시간을 인정하지 않고 그리니치 천문대의 시간만을 인정했던 파스파르투였다. 즉 『80일간의 세계일주』란 산업혁명에 따른 증기선의 출현과 영국과 인도 전역에 촘촘히 놓인 철도망, 미개한 풍습의 희생양이 되려는 인도 여인을 구출하는 백인의 영국신사, 예정에 없던 일을 하느라 허비했던 하루의 시간마저 되찾아주는 그리니치 천문대의 표준시 등 영국의 제국주의적 우월감이 도처에 깔려 있는 작품이다. 이처럼 식민지에 도로를 부설하는 것은 상당히 역사가 깊은 일로 2천 년 전의 로마제국으로까지 거슬러 올라간다.

"모든 길은 로마로 통한다"라는 말을 들어보았을 것이다. 지금은 이 말을 "고대 로마는 모든 문명의 중심지였다"라는 뜻으로 해석하고 있지만 실제로 기원 무렵의 남부 유럽에서 모든 길은 궁극적으로 로마를 향하고 있었다. 당시 유럽에서 부설된 도로는 세금징수와 반란을 진압하기 위한 목적으로 로마병사들이 달리던 길이었다. 지금도 로마병사라고 하면 전투병의 이미지보다는 측량, 도로건설, 각종 토목공사를 하는 공병의 이미지가 강하다. 실제로 식민지를 개척하게 되면 측량을 하고 도로를 건설한 뒤 그 길을 통해 세금징수를 하러 다니는 것이 로마병사였다. 식민지에서의 도로건설 자체가 세금징수와 반란진압의 용도였기 때문이다. 로마 병사들은 말을 타고 다니며 걷은 세금은 수레에 싣고 다녔겠지만, 그 말과 수레가 산업혁명시대에 와서 증기기관차로 바뀌어 인도에 부설되었다.

교외의 탄생

/

철도의 보급은 단순한 운송수단을 너머 도시의 모습도 바꾸어 놓았다. 가장 큰 변화는 교외의 탄생이었다. 산업혁명이 일어나자 영국의 도시들은 여기저기에 공장이 세워지면서 인구밀집과 공해, 식수오염 등으로 주거환경이 악화되었다. 이에 공장이 밀집한 시내 중심가(urban)가 아닌, 교외(sub-urban)에 사는 것이 유행이 된다. 그전까지는 없던 현상이었다. 교외(suburban)라는 단어가 처음 등장하는 때는 1380년경으로서 당시의 소설 『캔터베리 이야기』에 묘사된 런던 교외는 지저분한 공동주택에 비누제조, 가죽 무두질 등 유해업종이 밀집해 있는 무법천지에 가깝다. 짐승을 도축해 가죽을 가공하고 그 부산물인 동물성 지방으로 비누를 만드는 일은 악취도 많이 나고 모양새도 아름답지 않아서 도심에서는 하지 못하도록 규정되어 있었다. 제조업은 변두리 교외에서 하고, 도심에는 시청사, 성당, 시장, 광장 등 주요 시설을 두는 것이 중세도시의 특징이었다.

그런데 산업혁명으로 도심에 공장이 생기자 오히려 교외에서 사는 것이 유행했다. 물론 이는 중산층 이상에서만 가능한 일이었다. 주택은 교외에 있다 할지라도 주요 시설 특히 공장과 사무실은 도심에 있었기 때문에 출퇴근을 하기 위해서는 전용 마차나 통근열차를 이용해야 했는데 그 요금이 지금과 비교해 매우 비쌌다. 일반적인 노동자의 봉급으로는 열차의 정기권을 구매하기가 어려워 교외 통근자는 공장주이거나 임원급 정도만 가능했다. 결과적으로 주거환경이 열악한 시내에 살면서 걸어서 공장으로 통근해야 하는 노동자, 고액의 정기권 구매가 가능해서 교외생활이 가능한 자본가로 계층이 양분된 것이다.

이는 교외거주의 배타성과 순일성을 보장해주는 기능도 했다.

통근을 위해서든 쇼핑을 위해서든 도심으로 가야 하는데 그렇다면 고액의 열차운임을 지불할 수 있는 중산층 이상만 교외에 거주할 수 있는 여과장치 역할을 했던 것이다. 영국 최초의 교외는 1794년 런던 북부의 세인트 존스 우드(st. John's Wood)였는데, 우리가 지금 '땅콩집'이라고 쉽게 부르는 2세대 연립주택(semi-detached house)이 줄지어 늘어서 있었다. 이후 1860~90년대가 되면 발달한 철도망 주변으로 영국 전역에 교외가 발생한다. 영국인에게는 집이라는 개념이 매우 강했다. "모든 사람에게 집이란 그 자신의 성이다"라는 영국속담이 있다. 영국귀족은 자신의 영지에 마련된 컨트리하우스에서 사는 것이 원칙일 정도로 집에 대한 자부심이 강했다. 지방에 영지를 소유하지 못한 도심 중산층이라도 집은 교외에 마련해두고 열차로 통근을 하는 것이 이상적인 삶이었다. 그리고 이 모습은 『위대한 유산』에 잘 드러나 있다.

익명의 신사로부터 막대한 재산을 상속해 주겠다는 약속을 믿고 상경한 핍 소년에게 런던은 별세계였다. 그중 핍의 법률대리인 역할을 해주기 위해 시골 대장간까지 찾아왔던 변호사가 있고 그 아래 사무장인 존 웨믹이 있는데 그와 조금 친해진 핍은 어느 날 그의 집을 방문하게 된다. 도심에서 약간 떨어진 곳에 자리잡은 집은 고딕양식으로 지어져 있었다. 여태껏 핍이 본 것 중 가장 작은 집이었지만, 너비 10센티미터, 깊이 5센티미터의 작은 해자(실은 도랑)를 집 주변에 설치했고 그 위에는 널빤지로 만든 도개교까지

기차가 등장하면서 여행이 한결 쉬워졌다. 뿐만 아니라 공장노동은 여가와 휴가의 개념을 등장시켰다.

있었다. 펍과 함께 그 다리를 건너온 웨믹은 널빤지 아니 도개교를 들어올려 집을 완전한 요새로 만들어놓는다.

매년 소출이 올라오는 영지는 없지만, 텃밭에서 직접 뜯은 채소로 그날 저녁의 샐러드를 만들고 일요일이면 지붕 위에 깃발을 달고 매일 밤 그리니치 시계로 9시가 되면 작은 대포를 발사하는 그의 집은 진실로 그의 성이었다. 대표적 도심 전문직이자 상위 중산층에 속하는 변호사가 있고, 그 아래 사무장이라는 하위 중산층이 있는데 그가 이루고자 하는 모든 꿈이 해자와 깃발, 대포를 설치한 고딕양식의 작은 집에 응축되어 있었다. 그리고 이것이 20세기 산업사회에 들어 신도시와 전원주택이 된다. 현재 우리들은 직장은 도심에 있고 집은 신도시의 아파트에 마련되어 있어 매일 광역버스를 타고 통근한다. 어느새 일상이 되어버린 지금의 이 모습은 19세기에는 부유한 중산층의 전형이었다.

열차가 바꾸어놓은 또 하나의 변화는 여가문화의 등장과 여행의 대중화였다. 산업사회에 살고 있는 현대의 직장인들은 며칠 간의 휴가가 주어지면 제일 먼저 여행을 계획하지만, 예전에는 관광여행이라는 개념이 없었다. 중세시대에 여행이란 종교적 성지를 방문하는 순례여행과 무역이나 공무 등 업무상의 여행, 학생이나 도제들의 편력여행 등이 주류를 이루었다. 도제는 장인을 스승으로 삼아 일을 배웠는데, 많은 경험을 하며 일을 제대로 배우기 위해 몇 년 단위로 스승을 바꾸었다. 그래서 도제들이 스승을 바꾸어

다니는 것을 편력이라 했고, 학생 역시 편력을 했다. 교통이 발달하지 못했기 때문에 마차를 타거나 걸어서 이동했는데 고생이 이만저만이 아니었다. 하지만 기차가 등장하면서 여행이 한결 쉬워졌다. 뿐만 아니라 공장노동은 여가와 휴가의 개념을 등장시켰다.

공장이 생기기 전까지 사람들의 노동형태는 농민이었고 더러 도심에 나와 하인이나 하녀가 되었는데 이러한 고용형태는 노동시간과 비노동시간을 엄격히 구분하지 않는다. 출퇴근의 개념이 없이 지붕 밑 다락방이나 지하 골방에 살던 하인들은 주인이 부르면 언제든 곧바로 달려가야 했고, 휴일도 없었다. 그러나 공장노동은 달랐다. 출근과 퇴근 시간이 있었기 때문에 출근 전과 퇴근 후는 업무 외 시간이자 비노동시간이었고 이는 노동자 개인이 온전히 소유할 수 있는 자유시간이었다. 이러한 비노동시간의 등장에 따라 여가의 개념이 발생했고, 여가시간에 기차를 이용한 당일치기 혹은 1박 여행이 유행하기 시작했다. 그러면서 기차역 주변에는 여관과 호텔이 생겨났다.

본래 여관에서 역마차를 운영하기도 했지만, 기차가 등장하면서 기차역 주변에 호텔이 등장한 것이다. 중세시대에 숙박은 수도원이 담당하면서 순례객을 받았고 행려병자에게도 숙식을 제공했다. 하지만 종교개혁으로 수도원이 해체 혹은 축소되면서 과거와 같이 순례객과 행려병자에게 숙식을 제공하는 일이 드물어지고 대신 그 영역을 파고든 것은 호텔이었다. 호텔의 본디 뜻은 '집'이다.

중세 프랑스에서 구빈원이나 병원을 '하나님의 집'이라는 뜻으로 '오텔 디유(Hôtel-Dieu)'라 했고 지금도 시청을 '오텔 드 시테(Hôtel de Cite)'라고 하듯, 오텔은 본디 집이라는 뜻이다(현재 Hôtel을 영어에서는 호텔이라고 읽지만 프랑스어에서는 오텔이라고 읽음). 프랑스에서 귀족들이 궁정에 모여 살았다고 했는데 그렇다고 시골 영지에 전혀 집을 갖지 않은 것은 아니었다. 영지를 둘러보고 지대를 받기 위해 며칠 머무는 집이 시골에 있었고 이를 오텔 파티큘리에(Hôtel Particulier)라고 불렀다. 여기서 파티큘리에는 '사적인'이라는 의미로 '공적인'이라는 뜻을 갖는 퍼블릭(Public)에 반대되는 말이다. 즉 오텔 파티큘리에는 시골에 마련된 개인주택 혹은 시골별장이라는 의미로, 이는 '오텔 드 시테(시청)' 혹은 '오텔 디유(병원)'와 구분되는 개인 주택이었다. 일년에 한 번씩 들러 며칠만 머물다 가는 곳, 과거 귀족들이 누리던 호사를 이제 대중이 요금을 지불하고 누릴 수 있는 곳, 본디 귀족들이 하인으로부터 받던 서비스를 이제 대중이 요금을 내고 받을 수 있는 곳 그곳이 바로 현대의 호텔이다.

이렇듯 시골별장이 숙박시설로 발달한 것이 프랑스의 호텔이라면 영국에서 호텔은 기존의 커피하우스와 클럽하우스에 숙박시설이 부가되는 형태로 발달했다. 식당과 서재, 살롱 라운지, 카드룸, 리셉션룸 등 모든 것을 갖춘 클럽하우스에서 침실 부분을 더욱 보강하면 호텔이 되는데 이러한 호텔들이 영국의 철도역 주변에 지어지기 시작했다. 패딩턴 역(Paddington station, 1838년) 근처에 지어진 프린스 오브 웨일스 호텔(Prince of Wales Hotel), 런던 브리지 역(1838년) 근처에 있던 브리지 하우스 호텔 등이다. 그리고 나중에는 기차 역사와 맞붙어서 호텔이 생기기도 했다. 요크 철도역 호텔(1841년), 런던 브리지 스테이션 호텔(1861년) 등이다. 철도역 근처의 호텔이기는 하나 커피룸, 리셉션룸, 그랜드볼룸, 도서관, 여성 전용 커피룸 등 많은 부속시설이 있었는데 이는 영국의 호텔이 기존의 클럽하우스를 기반으로 발달했기 때문이다. 한편 기차와 호텔에도 등급이 있었다. 1등실 승객들은 철도 바로 앞까지 마차를 타고 와서 그 마차를 별도의 화물차에 싣고 기차를 탔고 목적지에 도착하면 화물차에 실린 마차에 곧바로 옮겨 탔다. 이러한 열차별 좌석등급은 기차 역사에서 대합실과 매표소 등으로도 구분되었다. 물론 21세기인 지금은 기차가 아닌 비행기에서 좌석등급에 따른 서비스 차등이 여전히 진행 중이다.

지금 우리가 호텔에서 받는 거의 모든 서비스는 과거 귀족주택에서 하인이 하던 서비스, 커피하우스에서 신사들이 받던 서비스와 유사하다. 주택 전체를 관리하는 집사에 해당하는 컨시어지(concierge)가 있고, 발렛 파킹을 전담하는 하인, 문을 열어주는 벨보이, 무거운 짐을 들고 직접 객실까지 모셔다주는 하인, 세탁과 객실청소를 전담하는 메이드 등 직무에 따라 전담직원이 세심하게 구분된 것은 그 때문이다. 20세기는 노동자의 시대이자 대중화의 시대여서 과거 귀족들과 신사들의 호텔문화 역시 직장에서 일하는 노동자인 우리가 쉽게 향유할 수 있는 대중문화가 되었다.

자동차가 발달한 미국

/

산업혁명의 여파로 유럽 전역에 철도가 발달하였다면 대서양 건너 미국에서는 철도보다 자동차가 발달하였다. 철도는 대량수송이 가능하기 때문에 경제적이지만, 철로를 먼저 건설해야 하기 때문에 초기 투자비용이 많이 든다. 그러나 자동차는 도로포장만 하면 되므로 초기 비용이 많이 들지 않는다. 따라서 이미 도시가 발달하여 인구가 밀집했던 유럽에서는 철도가 발달했고 땅이 넓어 인구밀도가 낮았던 미국에서는 자동차가 발달했다. 그리하여 마차에서 말을 떼어내고 그 자리에 엔진을 붙인 자동차가 미국 디트로이트에서 만들어지게 된다.

본디 선박에 쓰이는 엔진을 만드는 공장에서 일하는 엔진기술자였던 헨리 포드는 1896년 그의 집 뒷마당에 마련된 작업장에서 마차에 엔진을 붙여 만든 최초의 자동차 '포드 쿼드리사이클(Ford Quardicycle)'을 만들어냈다. 쿼드리사이클이란 '4개의 바퀴'라는 뜻으로 자전거 바퀴를 마차의 몸체에 붙였기 때문에 지은 이름이었다. 그리고 20세기가 되면 네 바퀴 자동차는 미국 전역에 빠르게 퍼져 나간다. 1908년 8월 포드 자동차에서 최초의 자동차인 T 모델 11대가 생산되고 1922년에는 연간 100만 대가 생산되면서 자동차 통근이 일상화된다. 영국에서 철도의 발달이 교외주거지를 낳았듯 미국에서도 더욱 확대된 교외주거지를 양산했다.

도심에는 직장과 공장이 위치하고 주택은 조용한 교외에 마련하는 것이 일반화되면서 신도시가 생겨났다. 1947~51년 뉴욕의 윌리엄 제어드 레빗(William Jaird Levitt)은 본래 감자밭이던 자리에 1만 7천여 채의 똑같은 주택을 지어 분양했다. 조그만 마당을 끼고 마련된 2층의 단독주택은 부부와 어린 자녀로 이루어진 4~5인 가족이 살기에 적당한 규모였다. 이는 개발자의 이름을 따서 '레빗 타운'이라 불렸고 이후 펜실베이니아와 뉴저지에 똑같은 레빗 타운이 하나씩 더 만들어지면서 일종의 신도시가 등장했다. 허허벌판이던 곳에 똑같은 모양의 아파트들이 수백 가구씩 지어지는 요즘의 모습과 흡사했다. 최초의 대규모 신도시 개발은 미국이 시초이며 그 이면에는 자동차의 발달이 있었다. 지금도 미국 드라마나 영화에는 교외에 마련된 획일적인 타운하우스의 모습이 자주 등장한다. 아파트는 아니고 단독주택이긴 하지만 찍어낸 듯이 똑같이 생긴 집들이 쭉 늘어서 있는 모습, 그것이 바로 한 명의 부동산 개발업자가 지은 교외의 타운하우스촌이다.

아울러 자동차의 등장은 미국에서 모텔을 탄생시켰다. 모텔은 호텔보다는 조금 저렴한 소규모 숙박시설로 주로 고속도로 주변

최초의 자동차. 산업혁명의 여파로 유럽 전역에 철도가 발달하였다면 대서양 건너 미국에서는 철도보다 자동차가 발달하였다.

이나 주유소 옆에 있다. 호텔에서 자동차를 뜻하는 motorcycle의 'mo'를 떼어다가 만든 합성어로서, 자동차 운전자가 편하게 주차를 하고 숙박할 수 있도록 설계되어 있다. 그리고 이보다 더욱 편하게 자동차 운전자를 배려하는 건물이 등장하였으니 드라이브 스루 레스토랑(Drive through Restaurant)과 드라이브 시어터(Drive Theater)였다. 차 안에서 주문을 하고 차 안에서 기다렸다가 곧 음식을 받아 다시 출발하면 되는, 차에서 전혀 내리지 않고 한끼를 해결할 수 있는 드라이브 스루 레스토랑은 주문받은 음식을 되도록 빨리 만들어야 하는 특성상 패스트푸드가 가장 적당하다. 드라이브 스루 맥도날드 이른바 맥 스루는 가장 대표적인 미국문화의 하나가 되었다.

또한 미국에서 발달한 영화가 자동차문화와 합성되어 만들어진 것이 드라이브 시어터이다. 아울러 자동차에서 바로 쇼핑을 할 수 있도록 넓은 대지를 선정해 단층의 상점을 지어놓고 차를 몰고 다니면서 상점 앞에서 물건을 산 다음 쇼핑백을 차로 바로 실을 수 있도록 한 것이 미국식 교외 쇼핑몰이다. 하지만 땅이 좁고 인구가 많은 유럽과 우리나라에서는 차는 주차장에 세워두고 커다란 실내 공간을 걸어 다니면서 쇼핑을 하도록 변형되었다. 레스토랑, 호텔, 극장, 백화점 등 본디 유럽에서 중산층을 겨냥해 발달한 시설은 미국에 와서 드라이브 스루 레스토랑, 모텔, 드라이브 시어터, 쇼핑몰 등 자동차에 기반한 대중문화가 되었다.

조선에 부설된 철도

/

우리나라의 철도는 일제 강점기에 부설되었다. 모든 길은 로마로 통한다는 고대 로마제국의 도로건설이 속주를 관리하기 위한 목적이었고, 80일 만에 세계일주를 가능하게 한 인도의 철도가 식민지배의 목적으로 부설된 것과 마찬가지 이유였다. 본디 조선의 도로체계는 전국의 각 지역과 한양을 연결하는 국도가 있어 왕명을 전달하는 파발마가 다녔고 조세징수와 화물운송은 강과 해안선을 따라 연결된 수운이 담당했다. 조세는 쌀과 옷감으로 받았는데 부피가 크고 무거워서 배에 싣고 운반하는 것이 편했다. 그러다가 1900년 서울과 인천을 연결하는 경인선이 개통되고, 1904년에는 서울과 부산을 연결하는 경부선, 1906년에는 서울과 신의주를 잇는 경의선, 1914년에는 서울과 원산을 잇는 경원선이 차례로 개통되었다. 모든 길은 로마로 통했듯이, 이 시기에 건설된 경인, 경부, 경의, 경원의 4대 철도는 서울과 인천, 부산, 신의주, 원산 등의 항구도시와 연결되는 노선이었다. 인천, 부산, 원산은 19세기 말 외세에 의해 개항된 항구였고, 신의주는 그 이름에 '신'이 들어가는 것에서 알 수 있듯이 중국 접경의 항구도시이자 일제 강점기 급성장한 공업도시였다.

국토의 말단에 위치했던 한적한 어촌이 갑자기 비대해지면서 항구와 수도를 잇는 도로망이 개설되는 것은 식민지배의 경험이 있는 나라에서 공통적으로 나타나는 현상이다. 대표적으로 군산과 부산이 급성장했으며, 또한 기존의 전통도시가 쇠퇴하고 철도 기착지 주변의 신흥도시들이 성장하기도 했다. 이를테면 경부선의 중간역이자 호남선으로 환승할 수 있는 대전이 급성장하면서 조선의 거점도시이던 공주가 쇠퇴한 것 등이다. 전통도시에는 그 지역을 기반으로 하는 상권이 발달해 있는데 도시가 쇠퇴하면 그 지역의 상권도 쇠락하면서 지역경제가 침체에 빠진다. 기존의 종로상권이 쇠퇴하고 대신 일본인을 중심으로 하는 명동상권이 흥하던 현상이 지방에도 똑같이 적용되었을 것이지만, 그에 대한 기록은 많지 않다.

경인, 경부, 경의, 경원 등 서울을 중심으로 한반도를 X자로 가로지르는 철도가 부설되면서 1925년 9월 30일에 경성역이 준공된다. 엄밀히 말하면 4대 철도는 1900~14년 사이에 개통되었기 때문에 1900년 경인선 개통에 맞물려 경성역이 지어지기는 했다. 지금의 서울역과 염천교 중간에 2층 목조 건물로 세워졌는데 1920년대부터 더 많은 교통량을 감당하기 위해 새롭게 다시 지은 것이 지금의 서울역이다. 그리고 현재 서울역 서쪽에 있는 작은 정거장이 예전 경성역의 흔적이다. 1925년 준공된 서울역의 설계는 조선총독부 설계를 맡았던 독일인 건축가 게오르그 데 라란데(George de Lalande, 1872~1914)가 담당했다. 당시 일본은 조선총독부, 서울역 등의 건물을 설계함에 있어 국제적 기준에 맞추기 위해 외국인 건축가에게 설계를 맡겼다. 특히 강성대국으로 성장했던 독일을 선망하고 있어서 주요 건축물은 독일인 건축가에게 맡겼다. 게오르그 데 라란데는 할아버지가 프랑스 귀족이었지만 프랑스 대혁명 때 독일로 망명하여 그는 독일에서 태어났다. 비교적 유복한 어린 시절을 보내며 왕립 건축학교에 입학하여 공부한 정통 엘리트 건축가였다. 서울역은 당시의 최신 역사였던 네덜란드의 암스테르담 중앙역, 핀란드의 헬싱키 중앙역 등의 영향을 받아 지하1층, 지상 2층의 철근 콘크리트 구조에 르네상스 양식으로 지어졌다. 19세기 유럽의 주요 도시에 위치한 중앙역들이 철골로 뼈대를 짠 고딕양식인 것에 비해 서울역은 조선총독부, 한국은행 등과 마찬가지로 르네상스 양식으로 지어졌다.

1층에는 대합실과 역무실이 있었고 2층에는 귀빈실, 양식당, 카페 등이 있었는데 특히 양식당 '그릴'은 우리나라에는 처음으로 도입되는 서양식 레스토랑이어서 장안의 화제가 되었다. 당시로서는 현대적인 신경관을 연출하였을 서울역은 소설가 이상의 〈날개〉, 박태원의 〈소설가 구보씨의 일일〉 등에 섬세하게 묘사되어 있다. 서울역은 해방 후에도 한동안 서울의 관문 역할을 하다가 2004년 고속철도의 개통과 함께 바로 인근의 새 역사로 이전을 했고 구 건물은 현재 역사박물관으로 사용되고 있다. 아울러 철도역 주변으로 철도호텔도 지어졌다. 일본인들이 가장 많았던 부산에 1912년 부산철도호텔이 세워진 것을 시작으로 1914년에는 서울철도호텔,

많은 사람들이 드나드는 철도역사의 내부는 기둥이 별로 없는 것이 특징이다. 철과 유리로 마감된 서울역사의 모습이다.

신의주 철도호텔이 각각 문을 열었다. 이중 서울철도호텔은 서울역을 설계했던 게오르그 데 라란데가 설계했으며 본래 원구단이 있던 자리에 원구단을 허물고 지어졌다. 조선총독부와 서울역의 중간지점이자 일제 강점기 새롭게 개통되었던 태평로 부근에 있었으며, 1970년 조선호텔로 재건축되어 현재에 이르고 있다.

한편 한양에는 도심철도에 해당하는 전차도 부설되었다. 지상에 설치된 궤도 위를 달리는 전차는 1899년 종로를 경유하면서 서대문과 청량리를 연결하는 첫 노선이 신설되었다. 이후 남대문과 용산을 연결하고 영등포, 왕십리에 이르는 등 3~4개의 노선이 요즘의 서울 강북지역을 제법 촘촘히 연결하고 있었다. 도심에 철도가 부설되면 역시 교외가 생긴다. 원래 한양의 사대문 밖은 변두리라 하였는데 이 시기 그 바깥에 교외가 등장했다. 1920~30년대는 농촌을 떠나 일자리를 찾아 서울로 오는 이촌향도의 시대여서 인구가 증가하자 1930년대 동대문 너머의 신설동, 안암동, 돈암동 지역에 토지구획정리 사업지구를 만들고 주택을 대량으로 지어 공급했다. 아마 이것이 일제 강점기의 신 주거단지에 해당할 것이다. 이중 신설동은 새로 신설된 동네라는 뜻으로 그 이름이 지어졌으며 서대문 너머의 신촌도 마찬가지였다. 지금도 신촌에 명문 사립대학들이 많은 것은 그 대학들이 설립되던 때 그곳이 한양 외곽에서 급부상하는 신흥지역이었기 때문이다.

이후 전차는 증가하는 버스와 승용차 등에 밀려 1968년 운행을 중단했다가 약 8년 정도 시간이 지난 뒤 지하철로 재등장한다. 1974년 처음 개통된 서울 지하철 1호선은 서울역에서 출발하여 종로를 경유하여 청량리까지 가는 노선으로, 80여 년 전 처음 건설된 전차노선과 거의 유사했다. 현재 서울 지하철은 9개 노선이 운영되고 있는데, 지하철의 발달은 서울의 광역화를 더욱 촉진시켰다. 1990년대 건설된 분당과 일산 신도시를 비롯하여 많은 신도시들이 개발되었는데 이때 지하철 개통도 함께 이루어졌다. 철도의 발달로 교외가 등장했던 것처럼, 서울의 지하철 역시 수도권 신도시의 발달을 촉진시키고 있다. 영국 산업혁명의 시기에 탄생한 철도와 미국 개척시대에 탄생한 자동차, 교통의 발달은 건축의 모습까지 변화시켰다. 우리나라 역시 일제 강점기에 부설된 철도와 전차로 인해 교외지역이 생겨나게 되었던 역사를 생각해볼 수 있다.

8

인간의 죽음을 기억하고 상기시키는 장치

국립묘지

그날 도쿄의 아키하바라 매장은 커다란 침묵에 휩싸인 채 모두들 TV 속 장면만을 응시하고 있었다. 전자제품의 메카이던 그곳에는 영화관을 방불케 하는 대형 TV에서 손바닥 위에 올려놓고 볼 수 있는 소형 TV까지, 이 세상에 존재하는 TV들은 모두 모여 있었다. 그러나 그 많은 TV가 보여주는 장면은 단 하나였다. 유리로 만든 관 안에 잠자듯이 누워 있는 새하얀 낯빛의 남자, 검정 양복을 단정히 입은 채 나이를 짐작할 수 없을 정도로 곱게 화장을 한 남자, 그에게 꽃을 바친 뒤 곧바로 쓰러져 울부짖는 사람들. 그리고 그 장면을 지켜보느라 손님도 직원도 다들 넋이 나가 있던, 거대하고도 막막한 침묵에 휩싸여 있던 아키하바라의 매장. 그 해 여름은 최고의 더위로 기록되어 있었는데 당시 나는 서울보다 더 무더운 도쿄에서 여름을 보내던 참이었다. 도쿄의 기온은 그날 오전에 이미 36도를 기록하고 있었으니 오후 2시가 되어서는 37~38도에 이르렀을 것이다. 그렇게 더운 날 화면 속의 사람들은 모두 다 긴 팔 검정색의 옷을 입고 있었다.

전혀 부패되지 않은 채 새하얀 낯빛으로 곱게 잠들어 있는 저 남자는 대체 누구인지 궁금해할 무렵, 화면 아래쪽에 하얗게 자막이 떴다. 북조선 김일성 주석 사망. 1994년 7월 8일의 일이었다.

지구라트, 바빌론의 공중정원

최초의 기념비적 건축물이 무엇이냐고 묻는다면 고인돌이라고 답할 수 있다. 고인돌은 북유럽과 아시아 등 구대륙에 널리 분포되어 있는데 그중 특히 우리나라에 많다. 전국적으로 15,000~20,000여 기가 남아 있는 것으로 추정되는데 이는 전 세계 고인돌의 절반 정도에 해당하는 수치여서 한반도를 '고인돌의 나라'라 부르기도 한다. 이렇게 많다 보니 논밭 한가운데 덩그러니 누워 있는 평평한 바위를 보고도 그것이 고인돌인지 미처 알지 못하는 경우도 있다. 고인돌은 청동기시대 족장의 무덤이다. 신석기시대가 되면 농경을 시작하면서 인구가 증가하고 씨족사회를 형성하다가 청동기시대가 되면 최초의 권력집단이 등장한다. 이들은 고대국가에는 이르지 못하고 다만 요즘의 군 정도에 해당하는 마을을 다스렸던 것으로 추정되는데 고인돌은 이러한 족장의 무덤이다. 큰 바위를 다듬어서 평평하게 만들고 그것을 옮겨 세우기까지 역학에 대한 이해와 기술력이 필요했기 때문에 최초의 건축물이라 할 수 있다. 뿐만 아니라 족장을 매장하면서 제례를 치렀을 것이며 그 후로도 정기

지구라트는 고대 메소포타미아의 왕족 무덤으로, 흔히 이집트의 피라미드가 더 널리 알려져 있지만 시기적으로는 지구라트가 앞선다.

적인 의식을 치렀을 것이다. 최초의 건축은 죽음을 기억하고 그것을 정치로 승화시켜 권력의 영속을 꾀하기 위한 목적으로 지어졌다. 죽음을 기억하기 위한 정교한 장치 중 하나가 지구라트이다.

지구라트는 고대 메소포타미아의 왕족 무덤으로, 흔히 이집트의 피라미드가 더 널리 알려져 있지만 시기적으로는 지구라트가 앞선다. 피라미드가 완전한 삼각뿔 형태인 것에 비해 지구라트는 윗부분이 평평한 사다리꼴로 생겼다. 내부에는 왕의 무덤이 있었고 상부는 신전으로 꾸며, 신을 기쁘게 하기 위한 각종 꽃과 나무를 심어 인공정원을 조성했다. 흔히 세계의 7대 불가사의 중 하나로 '바빌론의 공중정원'을 거론한다. 공중정원이라고 하니까 허공에 떠 있는 정원이라고 생각되기 쉽지만 실은 지구라트 위에 조성된 옥상정원이다. 요즘은 빌딩에 옥상정원을 만드는 것이 손쉬운 일이다. 하지만 사막지대에서는 꽃과 나무 자체가 몹시 귀한 것이어서, 메소포타미아 신화에서 천국은 꽃과 나무가 무성한 아름다운 정원으로 묘사되어 있다. 그러니 지상이 아닌 옥상 위에 조성된 정원은 말 그대로 천국의 정원처럼 보였을 것이다. 꽃나무를 키우기 위해 실제로는 펌프로 물을 끌어올려야 했으니 보통 일이 아니었고, 정말 불가사의한 건축물 중 하나였다.

아름다운 정원으로 꾸며진 옥상에는 여사제들이 살았는데 바빌론의 왕은 매년 1월 1일에서 15일까지 보름 동안 지구라트 옥상으로 올라가 여사제들과 함께 생활했다. 신이 이때에 여사제의 몸에

현현한다고 믿어졌기 때문이다. 그리고 이때 잉태된 아이는 신의 자식이라 여겨졌고 이런 아이에게만 왕위계승권이 있었다. 지상에는 훌륭한 가문에서 배출된 왕비가 있었지만, 그녀가 낳은 아이는 인간의 자식이었기 때문에 왕위를 계승할 수 없었다. 이처럼 태생 자체가 남다른 왕은 신비로운 아우라를 발휘하게 되며, 옥상 위에 정원이 꾸며진 지구라트는 그 자체로서 신화였다.

이러한 지구라트의 영향을 받아 만들어진 것이 이집트의 피라미드이다. 지리적으로 인접했던 이집트와 메소포타미아는 서로의 존재를 알고 있었고 또한 문화적으로 서로 영향을 끼쳤다. 이 중 지구라트가 이집트로 건너가 '마스터바'가 되었고, 이것이 이후 피라미드로 발달했다고 보는 것이 학계의 정설이다. 현재 피라미드만 널리 알려진 이유는 이집트는 고대에도 현대에도 계속 독립된 국가를 유지하고 있어서 피라미드를 세계적 관광자원으로 개발시킬 수 있었기 때문이다. 하지만 메소포타미아는 고대에는 앗시리아, 바빌론 등 군소 도시국가로 형성되어 서로 전쟁이 잦았고 지금도 여전히 분쟁지역이다. 따라서 지구라트를 미처 관광자원화하지 못하고 있다.

이렇듯 메소포타미아의 지구라트, 이집트의 피라미드는 왕의 죽음을 기억하기 위한 공간이었다. 물론 인도의 타지마할, 중국의 진시황릉도 죽음을 기억하기 위한 공간이었다. 이때 기억되는 죽음은 왕과 왕비로 한정되어 있었다. 하지만 근대사회에 와서 신격화할 왕이 없어지자 무덤에 새로운 주인공이 필요해졌다. 그것은 바로 그 왕을 광장으로 끌어내 처형했던 민중이었다.

프랑스의 판테온

프랑스 대혁명 당시 왕의 처형 장면을 만천하에 공개하는 것이 지금의 시각으로는 쉽게 이해되지 않을 수도 있다. 그러나 '구경의 시대'이던 전근대사회에서 죄인의 처형 장면을 공개하는 것은 당연한 일이었다. 권력을 가진 자가 남의 눈에 잘 띄는 화려한 복장을 하여 스스로 구경의 대상이 되는 것과 마찬가지로 왕은 때로 구경거리를 제공했다. 반란을 일으킨 대역죄인을 잡아 처형 장면을 공개하는 것은 그가 가진 권력의 크기를 보여주는 것이자, 앞으로 또다시 일어날지도 모르는 반란을 예방한다는 차원에서 일석이조였다. 그러기 위해 처형 장면은 되도록 잔인할수록, 되도록 많은 사람이 구경할수록 효과적이었다. 그런데 그러한 권력을 행사하던 주체가 18세기 새로이 등장한 민중에게 권력을 빼앗기면서 오히려 그들의 손에 공개처형을 당하게 된다. 대역죄인을 공개처형하는 것, 공개처형을 실행했던 주체를 다시 공개처형하는 것, 이는 모두 죽음이 정치적 도구로 사용된 예라 하겠다. 아울러 '민중'이라는 새롭게 등장한 권력의 무덤도 필요해지게 되었다. 그것은 판테온

프랑스에서는 성당 지하에 유골을 안치하던 전통을 따라 판테온 지하에 민중의 유골이 안장되어 있지만, 지상의 공간은 기념관의 성격이 더 강하다.

이었다.

본디 판테온은 로마에 있는 만신전(萬神殿)으로, 여러 신들을 위한 신전이라는 뜻이다. 그리스시대에는 각 도시마다 수호신과 그 신전이 있었는데, 로마시대에 이르러 제국이 되자 기존의 그리스 수호신들을 통합할 필요성이 생겼고 이에 일곱 위의 주요 신을 모시는 판테온을 세웠다. 당시 로마는 이미 콘크리트 기술이 개발되어 있어서 무엇이든 원하는 형태를 자유롭게 만들 수 있었는데, AD 125년 하드리아누스 황제 때에 콘크리트로 지어졌다. 커다란 내부 공간을 확보하기 위해 둥근 돔형의 지붕을 하고 있으며 천장 꼭대기에 오쿨루스(oculus)라는 창이 하나 뚫려 있었다.

현대의 건물들은 측면에 뚫린 창으로부터 햇빛이 들어오기 때문에 채광효과는 좋지만 드라마틱한 면은 부족하다. 그러나 벽면에 창이 전혀 없이 천장 꼭대기에 단 하나의 둥그런 빛 구멍이 있으면, 이른 아침 동쪽에서 해가 떠서 저녁에 서쪽으로 해가 지기까지 태양의 모든 궤적이 실내에 그대로 전달되면서 신비로운 분위기를 자아낸다. 모든 종교에서 신은 밝은 빛으로 표현되기 때문에 시시각각 변하는 태양의 궤적은 신의 현현으로 보였을 것이다. 벽면에는 로마 다신교에서 가장 중요하게 생각하는 일곱 신인 태양신 아폴로(해), 달의 신 다이아나(달), 전쟁의 신 마르스(화성), 상업과 교역의 신 머큐리(수성), 하늘의 신 주피터(목성), 사랑과 미의 여신 비너스(금성), 농업의 신 새턴(토성)을 새겨 넣었다. 이후 일곱 신은 일, 월, 화, 수, 목, 금, 토의 일주일을 의미하게 되었다. 이러한 로마의 만신전이 프랑스 대혁명 당시 희생된 이름없는 민중을 위한 무덤으로 재탄생한 것이다. 원래 이곳은 루이 15세가 중병에 걸렸다가 회복된 후 이를 기념하기 위해 성 주느비에브(Sainte Geneviève) 성당을 지었던 곳인데, 성당 앞에 출입구 부분만 더 붙여 판테온으로 만들었다. 선왕인 루이 15세를 위한 성당이었던 곳을 루이 16세를 축출한 민중들을 위한 묘지로 만들었다는 점에서 상징적인 일이었다. 그리고 그 이름을 '모든 신의 공간'이라는 뜻으로 판테온이라 바꾼 것은 민중을 만신으로 승격한 것이라 하겠다

프랑스에서는 성당 지하에 유골을 안치하던 전통을 따라 판테온 지하에 민중의 유골이 안장되어 있지만, 지상의 공간은 기념관의 성격이 더 강하다. 성당과 기념관은 로마의 바실리카라는 동일한 뿌리에서 출발했기 때문에 그대로 전용될 수 있었다. 바실리카란 집회소, 공회당, 시민회관 등의 성격을 갖는 대형 공공건물이다. 기독교가 처음 발원할 무렵에는 유목민의 전통에 따라 장막을 치고 예배를 보았을 것이고, 이후 로마에서도 처음에는 박해를 받았기 때문에 이렇다 할 예배당이나 성당은 지어지지 않았다. 하지만 AD 3세기경 기독교가 공인을 받으면서 예배당으로서의 건물이 필요해졌는데 당시 로마에서 대형 건물은 바실리카였다. 그래서 초기의 예배당들은 모두 바실리카였고 이것이 11~12세기에 이르러 독자적인 성당형태로 발달한 것이다. 성당의 본질적 형태는 집

회소, 공회당 등이라 할 수 있기 때문에 주느비에느 성당 역시 기념홀로 쉽게 전용될 수 있었다. 판테온의 1층 중앙 홀로 들어가면 볼테르와 루소의 동상이 가장 먼저 눈에 띄는데 이들은 합리적 이성에 입각한 계몽주의 철학자들로서 프랑스 대혁명의 정신적 지주들이다. 아울러 24묘역에는 에밀 졸라, 빅토르 위고, 알렉산드르 뒤마 등이 안장되어 있는데 모두 혁명과 공화주의 정신을 구현했던 문호들이다.

프랑스 대혁명은 왕정을 종식시키고 가톨릭 교회의 힘을 약화시켰다는 데 의미가 있다. 루이 15세가 건립했던 주느비에브 성당을 민중을 위한 판테온으로 바꾸어놓았다는 것은 혁명의 의미를 건축적으로 해석한 것이라 하겠다. 판테온은 민중의 묘지이자, 민중의 죽음을 정치적으로 이용하기 위한 장치였다. 한편 혁명의 역사가 없었던 독일에서는 조금 다른 방식으로 죽음을 기억했으니, 발할라 데어 도이첸(Walhalla der Deutchen, 1842)이었다.

발할라는 게르만 전통 신화에 나오는 저승의 궁전이다. 게르만 신화에는 유난히 용맹한 전사들의 이야기가 많이 나오는데, 그중 전쟁중에 전사한 전사는 요정인 발퀴리가 그 혼령을 들어올려 하늘의 발할라 궁으로 인도하는 것으로 되어 있다. 발할라에서 전사들은 낮에는 서로 전투훈련을 하고 저녁이 되면 발퀴리들의 극진한 시중을 받으며 식사를 한다. 또한 전투중에 입었던 상처는 하룻밤이 지나면 모두 아무는 것으로 되어 있다. 그 발할라의 이름을

발할라는 게르만 전통 신화에 나오는 저승의 궁전이다. 게르만 신화에는 유난히 용맹한 전사들의 이야기가 많이 나오는데, 그중 전쟁중에 전사한 전사는 요정인 발퀴리가 그 혼령을 들어올려 하늘의 발할라 궁으로 인도하는 것으로 되어 있다. 구스타프 크라우스의 <발할라 개장식>.

딴 발할라 데어 도이첸은 바이에른의 역대 위인을 모신 사당이자 기념관이었다. 언덕 위에 자리잡은 그리스 신전과 비슷한 건물로, 아테네 아크로폴리스의 파르테논 신전에 영감을 받아 지어졌다. 벽면에는 게르만족의 기원과 역사로부터 시작하여 나폴레옹 전쟁에서의 승리에 이르는 내용이 조각되어 있는 것이, 서울 용산에 있는 전쟁박물관과도 비슷하다. 뿐만 아니라 나폴레옹 전쟁에서 전사한 군인들을 기리기 위한 베프라이웅스할레(Befreungshalle, 명예의 전당, 1863년)을 건립하기도 했다. 이 모두는 죽음을 이용해 애국심을 끌어낸다는 공통점이 있다.

'애국심'은 근대국가에서 새롭게 부각된 관념으로, 그 전까지는 생소한 개념이었다. 고대국가에서는 왕에 대한 무조건적 복종만이 요구되었고, 중세와 절대왕정의 국가에서는 왕과 국가라는 개념이 명확히 구분되지 않아 왕에 대한 충성심이 가장 중요한 덕목으로 간주되었다. 그런데 왕정을 붕괴시킨 프랑스에서 왕과 국가의 개념이 분리되기 시작했고, 프랑스 대혁명은 왕에 대한 충성심을 국가에 대한 애국심으로 대체시켜놓았다. 그러기 위해 왕정을 붕괴시킨 혁명에서 목숨을 잃었던 민중의 죽음이 기억될 필요가 있었다. 아울러 혁명을 치르지 않았던 독일에서는 프랑스와 전쟁에서 순국한 전사들의 죽음을 기억하기 시작했다. 이러한 문제는 국가의 역사가 짧고 정통성이 취약했던 미국에서도 절실했다.

미국은 1770~80년대 영국을 상대로 하는 독립전쟁과 1860년대의 남북전쟁을 치르고 이룩된 나라였다. 전쟁에는 전사자가 생기는데 이들의 죽음을 애국심을 이끌어내기 위한 장치로 사용하는 곳이 국립묘지이다. 신비로운 민족적 기원 신화도, 공유할 만한 오랜 역사도 가지지 못한 미국으로서는 영국으로부터 독립을 쟁취해낸 독립전쟁, 남북을 하나로 통일해 합중국을 이루어낸 남북전쟁은 가장 중요한 역사였고 이를 기억할 만한 장소로서 전사자의 죽음을 승화시킬 묘지가 필요해진 것이다. 남북전쟁 직후인 1862년 전사자를 위한 국립묘지가 미국 전역 14개 장소에 건립된다. 그중 워싱턴 DC에는 국립보훈묘지가 있었는데 곧 만원이 되자 새로운 묘지의 필요성이 대두되어 1864년 워싱턴 DC를 한번에 조망할 수 있는 포토맥 강변의 알링턴 언덕에 새로운 묘지가 건설되었다. 이후 한국전, 베트남전, 걸프전 등에 참전한 전사자를 안장하면서 매년 규모는 커지고 있으며 전사자의 유해를 발굴하여 안장하는 작업은 국가적 의례로 승화되었다.

혁명과 전쟁에서 희생된 이름없는 전사자의 죽음을 기리는 것으로 애국심을 이끌어내는 장치가 판테온과 알링턴 국립묘지였다면 지도자의 죽음을 의례화하여 사회를 통합하는 장치로 사용하는 고전적인 방법을 여전히 답습한 곳도 있었다. 구 소련이었다. 20세기 모스크바에 고대의 피라미드를 연상하게 하는 대형 무덤이 등장했다. 레닌 영묘였다.

알링턴 국립묘지. 한국전, 베트남전, 걸프전 등에 참전한 전사자를 안장하면서 매년 규모는 커지고 있으며 전사자의 유해를 발굴하여 안장하는 작업은 국가적 의례로 승화되었다.

모스크바의 레닌 영묘

/

1924년 1월 레닌이 사망하자 크레믈린 궁전 앞 광장에는 임시 묘소가 설치되어 장례가 진행되었다. 그리고 3월 조금 이상한 일이 일어났다. 시신이 방부처리되어 일반에게 공개된 것이다. 이것은 이전까지 그 어느 나라 어느 문화권에서도 없던 일로, 시신을 방부처리하여 미이라를 만들었던 이집트에서도 시신공개는 없었던 일이었다. 아울러 1929년에는 지구라트를 연상시키는 커다란 계단형 건물의 영묘를 만들어 시신을 그곳에 안장했다. 생전에 자신을 고향의 어머니 무덤 옆에 묻어달라고 했던 레닌은 자신의 시신이 방부처리되어 공개될 것이라고 전혀 생각하지 못했을 것이다. 그러나 레닌을 방부처리하고 영묘까지 만들어 길이길이 전시하도록 만든 것은 그의 부하였던 스탈린이었다. 일찍이 레닌은 스탈린에게 지나친 야욕이 있음을 알아차리고 그를 조심하라고 유언장에 적어놓기까지 했지만, 당시 후계자 자리를 놓고 트로츠키와 경쟁하던 스탈린은 유언장을 입수해 인멸해버린 뒤 레닌의 죽음을 철저히 이용하기에 이른다.

이는 정통성이 취약한 권력자가 주로 사용하는 방법 중 하나로, 이미 전 국민의 숭배를 받는 위대한 지도자의 장례를 앞장서서 성대히 치르며 신격화해버리면 그 모든 행위를 주도한 자가 새로운 후계자로 손쉽게 등장할 수 있는 것이다. 즉 권력자의 물리적 죽음 뒤에도 여전히 남아 있는 후광을 얼른 주워서 제 머리 위에 쓰는 방법이었다. 그러기 위해 레닌의 죽음은 철저히 신격화될 필요가 있었다. 영묘의 위치는 모스크바 붉은 광장으로 정해졌다. 그곳은 크렘린 궁과 성 바실리이 사원을 비롯하여 역사박물관, 국영백화점 등이 몰려 있는 의미있는 장소였다. 본래 러시아는 기독교인 동방정교의 오랜 전통 위에 있던 나라여서 역대 차르의 시신은 아르한겔스크 사원(대천사 사원)에 매장되었다. 그러나 새로운 지도자인 레닌의 시신은 전혀 다른 형태, 다른 장소에 보존되어야 했고 이에 건축가 알렉세이 슈세프(Alexey Shchusev, 1873~1949)는 기독교적 색채에서 완전히 탈피한 새로운 형태를 구현했다. 1920년대 러시아에서 크게 유행했던 구성주의 양식에서 영향을 받아 정사각형 형태의 사다리꼴 건물을 만든 것이다. 결과적으로 형태는 지구라트와 비슷해졌고 실제 기능과 목적도 그와 유사했다.

지구라트의 옥상정원이 신전 역할을 했다면 레닌묘의 최상단은 전망대의 역할을 했다. 주요 시설들이 모두 모여 있어서 우리의 세종로와 비슷한 붉은 광장에서 군사퍼레이드가 벌어질 때면 스탈린은 영묘의 옥상에 올라 사열을 받곤 했다. 그리고 1953년 스탈린이 사망했을 때 그 자신도 레닌 영묘에 함께 묻히는 영광을 누렸지만, 1961년 흐루시초프 집권 후 시신은 영묘에서 추방되어 현재 크레믈린의 성벽 아래 묻혀 있다.

1921년에 사망한 레닌의 시신은 지금도 부패하지 않고 있는데

지구라트의 옥상정원이 신전 역할을 했다면 레닌묘의 최상단은 전망대의 역할을 했다. 주요 시설들이 모두 모여 있어서 우리의 세종로와 비슷한 붉은 광장에서 군사퍼레이드가 벌어질 때면 스탈린은 영묘의 옥상에 올라 사열을 받곤 했다.

백 년이 다 되도록 시신이 썩지 않는다는 것은 보통 일이 아니다. 현재 러시아에서는 시신의 방부처리를 전담하는 '영원화 연구소'가 있어 세계 최고의 수준을 자랑한다. 그리고 이는 주변의 공산국가들에게도 영향을 미쳤다. 베트남의 호치민(1969년 사망), 앙골라의 네토 대통령(1979년 사망), 북한의 김일성 주석(1994년 사망)이 사망했을 때, 그 시신의 방부처리를 러시아의 영원화연구소가 전담했으며 지금도 정기적으로 보존처리를 받고 있다. 다만 진시황릉의 무덤을 축조했던 자긍심이 있는 중국에서는 마오쩌둥의 시신을 보존할 때 러시아의 도움을 받지 않고 순수 중국기술로 방부처리를 하였다.

베트남 하노이의 호치민 광장에 자리잡은 영묘는 마치 그리스의 파르테논 신전을 연상시키는 신고전주의의 건물이다. 고대 그리스에서 각 도시마다 신전이 있었듯 봉헌하였는데 높은 기단 위에 세워진 짙은 회색 콘크리트 건물은 20세기에 새롭게 등장한 신전이었다. 국부였던 호치민은 죽어서 베트남의 수호신이 되었다. 한편 3대 세습의 역사를 쓰고 있는 북한도 그에 못지 않은 우상화 작업을 하고 있다. 1994년 여름 김일성이 사망했을 때 전 세계로 타전되었던 그 뉴스를 공교롭게도 나는 도쿄의 아키하바라 매장에서 접했다. 주름 하나 없이 팽팽하고 새하얀 얼굴로 누워 있는 남자 앞에서 꽃을 바치고 쓰러져 울부짖는 사람들의 모습은 죽음이 국가적 의례로 재탄생하는 순간이었다.

종묘에서 국립현충원까지

/

죽음이 정치에 이용되는 것은 우리나라도 마찬가지였다. 일찍이 고인돌의 전통이 있었거니와 지금도 TV 사극에 가장 자주 등장하는 대사 중 하나가 "장차 이 나라의 종묘와 사직을 어찌할꼬"이다. 종묘와 사직은 한양에서 가장 중요한 시설이었다. 한양뿐 아니라 중국과 일본 등 동아시아의 도읍은 BC 5세기경에 쓰여진 과학기술서적이라 할 수 있는 『고공기(考工記)』에 따라 계획되었는데, 그에 의하면 도성을 계획할 때 가장 중요한 원칙은 좌묘우사, 전조후시였다. 이는 왕이 사는 궁을 정가운데 두고 왼쪽에는 종묘를, 오른쪽에는 사직을 두며, 앞쪽에는 조정을, 뒤쪽에는 시장을 두라는 내용이다. 이때 조정(정치)-궁-시장(경제)으로 이어지는 남북축이 실질적 현실정치를 담당하는 공간이라면, 좌우 양 옆에 위치한 종묘와 사직은 상징적 문화정치의 장이었다. 사직(社稷)이란 토지의 신인 사(社), 곡식의 신인 직(稷)을 모시는 곳으로 '사직단'이라 하여 지면보다 조금 높게 단을 설치하여 제사를 지냈던 곳이다. 토지와 곡식의 신을 모신다는 것은 농경이 시작되었을 신석기와 청동기 무렵에 시작된 고대 종교의 흔적이다.

한편 종묘는 역대 왕들의 신위를 곳으로 충과 효가 합일된 가장 유교적인 공간이다. 따라서 고대 종교의 신인 사직에게 제사를 지내는 곳은 오른쪽에, 당대의 국가적 지배담론의 장인 종묘는 왼쪽

전쟁기념관. 서울시 용산에 마련된 전쟁기념관은 박물관인 동시에 죽음을 기억하기 위한 장소이다.

에 두었다. 왕은 남쪽을 향하고 앉는다는 제왕남면의 법칙에 따라 남향을 했을 때, 왼쪽은 동쪽이 되고 오른쪽은 서쪽이 된다. 그러므로 좌묘우사는 "종묘를 동쪽에 두고 사직을 서쪽에 둔다"라고 해석하는 것이 더 정확하다. 유교국가인 조선에서 당대의 공간인 종묘는 동쪽에 두고 과거 고대 종교의 공간인 사직은 서쪽에 두는 것으로 타협을 했다. 그리하여 정치적 실무를 맡고 있는 왕이 경복궁 앞에 늘어선 조정 신료들의 반응을 궁금해할 때, 현실정치에서 한 발 물러난 대비는 종묘와 사직이라는 상징적 문화정치를 걱정했고, 동궁에 머물며 미래 정치를 준비하고 있던 세자에게는 무언가 일이 잘못되었을 때 종묘에 나가 석고대죄를 하라는 명이 떨어지기도 했다. 그것 역시 이미지 정치의 일환이었던 것이다. 토지의 신과 곡식의 신, 역대 선왕들의 신위 등 철저히 권력자의 죽음을 이용하던 조선에서 처음으로 민중의 죽음을 기억하기 시작한 것은 대한제국 시절이었다.

프랑스의 판테온이나 미국의 알링턴 국립묘지처럼 국립묘지의 시원이라 할 수 있는 것은 1900년 고종이 마련한 장충단으로, 을미사변과 임오군란의 전사자를 안장하기 위해 만들어졌다. 지금의 장충동 일대인 이곳은 본래 한양의 사대문 바로 남단에 위치해서 남소영(南小營)이라는 군영이 있던 자리였다. 그런데 1895년 을미사변으로 명성황후가 시해되는 사건이 일어나자 당시 전사한 시위대장 홍계훈을 비롯한 염도희, 이경훈 등을 배향하기 위해 장충단을 건립하였다. 말 그대로 충(忠)을 장려(壯)한다는 뜻이자, 희생자의 죽음을 이용해 애국심을 이끌어내는 장치로 사용한 것이다. 장충단은 이후 임오군란, 갑신정변으로 순국한 열사들도 함께 안장하여 봄가을에 정기적으로 제례를 지냈다. 제례 때에는 군인들이 군악을 연주하고 조총을 쏘는 등 국제적인 면모도 띠었으나 1910년 일제는 장충단을 폐쇄시키고 벚꽃을 심어 장충단 공원으로 만들어버린다. 아울러 1924년에는 사직단에도 정자와 벤치를 설치해 사직공원으로 만들었다.

본격적인 국립묘지가 건립되는 것은 해방 후이다. 6·25전쟁이 끝나고 얼마 지나지 않은 1956년, 서울의 한강 바로 이남인 사당동에 전사자를 안장하기 위해 국군묘지가 세워진다. 이때 처음 안장된 이들은 이름난 장군이 아닌 191위의 무명용사들이었다. 이후 박정희 대통령은 국군묘지를 국립묘지로 승격시킨다. 제3공화국의 탄생과 함께 전사자들의 묘지라는 한계를 너머 애국심이라는 새로운 이데올로기를 담을 그릇이 필요해졌기 때문이다. 그리고 전사자가 더 이상 생기지 않는다면 새로운 주인공이 필요한 법이다. 이제는 국가를 위해 순직하거나 국가와 사회에 기여한 공로가 큰 사망자, 의사자 등도 함께 안장하고 있으며, 1996년에는 국립현충원으로 승격되고 이후 대전에도 새로운 묘역이 생기면서 국립서울현충원, 국립대전현충원이 되었다. 그리고 이는 남북방향으로 이어지는 매우 강력한 축선을 형성한다.

조선시대 한양은 전조후시의 원칙에 따라 경복궁 앞에 의정부(의결기구), 의금부(사법기구)와 육조관청이 늘어서 있었기 때문에 이를 '육조거리'라 했는데 요즘으로 말하자면 일종의 행정타운이었을 것이다. 그런데 해방 후 서울이 팽창하면서 행정시설들은 남쪽으로 이전하기 시작한다. 여의도에 국회의사당이 생기고, 사당동에 국립현충원이 생기는 등 사대문안을 벗어나기 시작하더니 1980년대에는 대법원과 대검찰청이 서초동으로 이전했다. 아울러 정부청사가 일부 과천으로 이전하면서 강남과 수도권으로 정부기능이 남하하였다. 그리고 현재 세종시가 새로운 행정도시로 부상하고 있고 대전에도 정부청사가 들어선 것을 생각하면 한양의 육조거리에서부터 현재의 세종과 대전으로까지 이어지는 강력한 세로방향의 정치적 축선이 존재함을 알 수 있다. 그리고 거기에 놓인 종묘, 장충단, 서울현충원, 대전현충원은 모두 다 죽음을 이용해 애국심을 이끌어내는 장치로 이용되는 공간들이다.

조선에서 종묘가 선왕의 묘지를 넘어 정치적 공간이었듯 현충원 역시 철저히 정치적인 공간이다. 새로운 대통령이 취임하면 오전에 취임식을 한 후 곧바로 오후에 들르는 곳이 현충원이다. 물론 그 대통령도 아직 당선되기 전 후보시절에는 현충원에 참배를 하는 것을 시작으로 대선의 출사표를 던졌다. 뿐만 아니라 자신의 정치색에 맞추어 4·19묘역과 5·18민주묘역에는 참배를 하거나 하지 않기도 하며, 국립현충원에 가서도 특정 대통령의 묘역에는 참배를 하지 않는 것으로 보다 더 섬세한 자신만의 정치색을 드러내기도 한다. 묘지는 이렇게나 정치적인 공간이다. 종묘와 장충단 그리고 국립현충원까지, 국가에서 죽음을 기억하고 상기시키는 이유는 동일하다. 누군가의 죽음을 애국심을 이끌어내기 위한 장치로 사용한다는 것이다.

맺는말

어릴 때 우리 집에는 30권짜리 백과사전이 한 질 있었다. 1980년대 초반에 발행된 책이었으니 어언 40년 전의 책이다. 당시는 웬만한 책들은 대개 누런 갱지를 쓰던 시절이었는데 그 책만은 눈부시게 새하얀 속지에 올컬러판으로 인쇄가 되어 있었다. 워낙 좋은 책이어서 그 책은 여태 우리 집 책장에 남아 있는데 지금 다시 들추면 밀봉된 40년 전의 타임캡슐을 열어보는 듯한 낯선 느낌을 받게 된다. 사진 속 사람들의 옷차림도 어색하고 문장에 쓰이는 단어도 어쩐지 옛스럽게 느껴지지만 그중 가장 크게 달라진 것을 꼽으라면 과거를 보는 시각이다. 역사는 이미 지나가버린 과거이므로 역사 자체는 달라지지 않는다. 그러나 그 역사를 해석하는 시각은 시대에 따라 달라진다. 1980년대에 제작된 백과사전엔 당시의 시각이 담기고 2020년에 제작되는 백과사전에는 현재의 시각이 담길 것이다.

우리의 근현대사를 보는 시각이 최근 많이 바뀌었다. 우리의 근대화는 일제 강점기라는 매우 짧은 시간에 압축적으로 또한 외세에 의해 타율적으로 진행된 특징이 있다. 얼마 전까지 일제 강점기를 파악하는 시각은 지배와 피지배에 따른 억압과 저항의 역사였다. 그래서 일제가 우리 민족을 얼마나 탄압하고 억압했는가, 그에 맞서 우리는 어떤 저항을 하였는가가 주된 담론이었다. 하지만 요즘은 그 시기를 비록 외세의 압력에 따른 타율적 근대화이기는 했지만, 근대적 맹아가 싹트는 시기로 보는 시각이 대두하고 있다.

대학, 은행, 백화점, 카페, 레스토랑, 극장, 철도역사 등 유럽에서는 본디 귀족문화였다가 젠트리나 부르주아로 지칭되는 중산층의 문화로 변형되었고 이것이 다시 노동자와 서민을 위한 대중문화가 되었다. 귀족문화가 대중문화로 되기까지 젠트리와 부르주아라는 계층의 역할이 컸다. 이들은 17~18세기에 새롭게 등장한 중산층이었다. 그렇다면 그 시기 동아시아에서는 젠트리와 부르주아에 해당하는 신흥계층이 존재하지 않았는가? 혹은 19세기 말에서 20세기 초 서구열강에 맞서 급격히 근대화를 진행할 때 그 주역이 되었던 신흥계층은 존재하지 않았는가? 비교적 역사의 무대에 늦게 등장한 러시아에서는 19세기 인텔리겐치아가 그 역할을 했는데, 영국의 젠트리, 프랑스의 부르주아, 러시아의 인텔리겐치아에 해당하는 계층이 동아시아에서는 존재하지 않았는가?

19세기 말에서 20세기 초반 동아시아는 격변을 겪고 있었고 조선 역시 다르지 않았다. 특히 일제가 한일합방을 한 직후인 1920~30년대, 조선은 일본과 사회와 문화현상을 공유하면서 변화하고 있었다. 그 시기 시류를 잘 타서 부를 축적한 조선인도 분명 있었을 것이다. 그러나 일제 강점기를 지배와 피지배에 따른 억압과 저항의 역사로 파악했던 과거의 경향 때문에 독립운동가들만 널리 알려져 있을 뿐, 이들의 존재는 널리 알려져 있지 않다. 유럽에서는 17세기부터 18, 19세기를 거치며 천천히 진행된 일을, 우리는 19세기 말에서 20세기 초반에 압축적으로 진행했고 그중 1920~30년대에 집중되어 있었다. 이 시기를 재조명하여 우리의 근대화 과정을 밝히는 것을 후속작으로 기약하는 것으로 이 책을 마친다.

참고문헌

1 · 부르주아와 젠트리의 등장—아파르트멍과 타운하우스

- 이영석 지음, 『공장의 역사; 근대 영국사회의 생산, 언어, 정치』, 푸른역사, 2012
- 이영석 지음, 『영국 제국의 초상; 19세기 말 영국 사회의 내면을 읽는 아홉 가지 담론들』, 푸른역사, 2009
- 이진경 지음, 『근대적 주거공간의 탄생』, 소명출판, 2000
- 임석재 지음, 『유럽의 주택』, 북하우스, 2014
- 카를 마르크스 지음, 손철성 풀어씀, 『자본론; 자본의 감추어진 진실 혹은 거짓』, 풀빛, 2005
- 코야마 히사오 지음, 유창수 옮김, 『타운하우스; 인간적인 도시를 만드는 집』, 르네상스, 2006
- 피터 게이 지음, 고유경 옮김, 『부르주아전; 문학의 프로이트, 슈니츨러의 삶을 통해 본 부르주아 계급의 전기』, 서해문집, 2005

2 · 우아한 팔라초에서 금융업은 시작되었다—은행

- 김정동 지음, 『문학 속 우리 도시 기행; 김정동 교수의 문학동선』, 옛오늘, 2001
- 데이비드 파커 외 지음, 박윤덕 옮김, 『혁명의 탄생; 근대 유럽을 만든 좌우익 혁

명들』, 교양인, 2009
• 마크 기로워드 지음, 민유기 옮김, 『도시와 인간; 중세부터 현대까지 서양도시문화사』, 책과함께, 2009
• 빌 리제베로 지음, 박인석 옮김, 『건축의 사회사; 산업혁명에서 포스트모더니즘까지』, 열화당, 2008
• 손세관 지음, 『베네치아; 동서가 공존하는 바다의 도시』, 열화당, 2007
• 손세관 지음, 『도시주거 형성의 역사』, 열화당, 2004
• 피터 윗필드 지음, 김지현 옮김, 『세상의 도시; 인간의 꿈과 탐욕이 만들어낸 위대한 유산』, 황소자리, 2010

3 · 왕과 귀족 문화를 성토하며 대중이 모인 곳—클럽과 커피하우스

• 노버트 쉐나우어 지음, 김연홍 옮김, 『집; 6000년 인류주거의 역사』, 다우, 2004
• 도널드 서순 지음, 오숙은, 이은진, 정영목, 한경희 옮김, 『유럽문화사3; 1880~1920 혁명』, 뿌리와이파리, 2012
• 리사 아피냐네시 지음, 강수정 옮김, 『카바레; 새로운 예술공간의 탄생』, 에코리브르, 2007
• 미셸 페로 지음, 이영림, 이은주 옮김, 『방의 역사』, 글항아리, 2013
• 볼프강 융거 지음, 채운정 옮김, 『카페하우스의 문화사』, 에디터, 2002
• 서정복 지음, 『살롱문화』, 살림, 2003
• 소피 D. 코, 마이클 D. 코 지음, 서성철 옮김, 『신들의 열매, 초콜릿』, 지호, 2000
• 시드니 민츠 지음, 김문호 옮김, 『설탕과 권력』, 지호, 1998
• 하인리히 E 야콥 지음, 박은영 옮김, 『커피의 역사; 커피의 탄생과 향기로운 발걸음』, 우물이있는집, 2005

4 · 어떻게 먹느냐가 계급을 알려주는 시대—레스토랑과 패스트푸드

- 로이 스트롱 지음, 강주헌 옮김, 『권력자들의 만찬; 유럽을 지배한 사람들의 은밀하고 특별한 연회문화』, 넥서스북스, 2005
- 린다 시비텔로 지음, 최정희, 이영미, 김소영 옮김, 『음식에 담긴 문화, 요리에 담긴 역사』, 대가, 2011
- 앨런 비어즈 워스, 테레사 케일 지음, 박형신, 정헌주, 옮김, 『메뉴의 사회학; 음식과 먹기 연구로의 초대』, 한울아카데미, 2010
- 에릭 슐로서 지음, 김은령 옮김, 『패스트푸드의 제국』, 에코리브르, 2001
- 잭 구디 지음, 김지혜 옮김, 『잭 구디의 역사인류학 강의; 요리, 사랑, 문자로 풀어낸 동서양 문명의 발달사』, 산책자, 2010
- 조지 리처 지음, 김종덕 허남혁 옮김, 『맥도날드 그리고 맥도날드화』, 풀빛, 2017
- 캐롤린 스틸 지음, 이애리 옮김, 『음식, 도시의 운명을 가르다』, 예지, 2010
- 크리스토프 리바트 지음, 이수영 옮김, 『레스토랑에서; 맛, 공간, 사랑』, 열린책들, 2017

5 · 인간의 희로애락을 가장 화려하게 표현하다—극장

- 김승미 지음, 『극장이야기; 예술가와 관객이 알아야 할 극장의 모든 것』, 늘봄, 2010
- 도널드 서순 지음, 오숙은, 이은진, 정영목, 한경희 옮김, 『유럽문화사4; 1920~1960 국가』, 뿌리와이파리, 2012
- 도널드 서순 지음, 오숙은, 이은진, 정영목, 한경희 옮김, 『유럽문화사5; 1960~2000 대중매체』, 뿌리와이파리, 2012

· 스피로 코스토프 지음, 양윤재 옮김, 『역사로 본 도시의 모습』, 공간사, 2009
· 스피로 코스토프 지음, 양윤재 옮김, 『역사로 본 도시의 형태』, 공간사, 2011
· 요하네스 얀젠 지음, 강명구 옮김, 『오페라; 한눈에 보는 흥미로운 오페라 이야기』, 예경, 2005
· 임석재 지음, 『극장의 역사; 건축과 연극의 사회문화사』, 이화여자대학교 출판문화원, 2018
· 임석재 지음, 『한 권으로 읽는 임석재의 서양건축사』, 북하우스, 2011
· 임석재 지음, 『인간과 인간; 임석재 서양건축사4』, 북하우스, 2007
· 임종엽 지음, 『극장의 역사; 상상과 욕망의 시공간』, 살림, 2005

6 · 학문의 자율성과 다양성을 모색하던 공간—대학

· 김봉렬 지음, 『서원 건축』, 대원사, 1998
· 김호일 지음, 『한국의 향교』, 대원사, 2000
· 데이비드 어윈 지음, 정무정 옮김, 『신고전주의』, 한길아트, 2004
· 박성진 지음, 『모던 스케이프; 일상 속 근대풍경을 걷다』, 이레, 2009
· 설혜심 지음, 『그랜드 투어; 엘리트교육의 최종 단계』, 웅진지식하우스, 2013
· 이광주 지음, 『교양의 탄생; 유럽을 만든 인문정신』, 한길사, 2009
· 이광주 지음, 『대학의 역사』, 살림, 2008
· 크리스토퍼 브룩 지음, 이한우 옮김, 『수도원의 탄생; 유럽을 만든 은둔자들』, 청년사, 2005
· 크리스토프 샤를 외 지음, 김정인 옮김, 『대학의 역사』, 한길사, 1999
· 페터 자거 지음, 박규호 옮김, 『옥스퍼드 & 케임브리지; 옥스퍼드 대학과 케임브리지 대학의 역사와 문화』, 갑인공방, 2005

• 필립 아리에스 지음, 문지영 옮김, 『아동의 탄생』, 새물결, 2003

7 · 도시의 풍경과 사람들의 생활패턴을 바꾸다—철도

• 로버트 피시만 지음, 박영한 구동회 옮김, 『부르주아 유토피아; 교외의 사회사』, 한울, 2000
• 박천홍 지음, 『매혹의 질주, 근대의 횡단; 철도로 돌아본 근대의 풍경』, 산처럼, 2003
• 볼프강 쉬벨부쉬 지음, 박진희 옮김, 『철도 여행의 역사; 철도는 시간과 공간을 어떻게 변화시켰는가』, 궁리, 1999
• 빌 로스 지음, 이지민 옮김, 『철도, 역사를 바꾸다; 인류문화의 흐름을 바꾼 50가지 철도이야기』, 예경, 2014
• 염복규 지음, 『서울의 기원, 경성의 탄생; 1910~1945 도시계획으로 본 경성의 역사』, 이데아, 2016
• 윤병권 지음, 『우월함과 탁월함의 역사; 세계의 명문호텔』, 상상, 2012
• 이언 게이틀리 지음, 박중서 옮김, 『출퇴근의 역사』, 책세상, 2016

8 · 인간의 죽음을 기억하고 상기시키는 장치—국립묘지

• 권헌익, 정병호 지음, 『극장국가 북한; 카리스마 권력은 어떻게 세습되는가』, 창비, 2013
• 김상현 지음, 『레닌묘; 상징의 건축, 기억의 정치』, 민속원, 2017
• 데얀 수딕 지음, 안진이 옮김, 『거대건축이라는 욕망』, 작가정신, 2011

- 올라프 라더 지음, 김희상 옮김, 『사자와 권력; 알렉산더 대왕에서 레닌에 이르기까지 무덤에 얽힌 권력의 역사』, 작가정신, 2004
- 임석재 지음, 『땅과 인간; 임석재 서양건축사1』, 북하우스, 2003
- 하상복 지음, 『죽은자의 정치학; 프랑스 미국 한국 국립묘지의 탄생과 진화』, 모티브북, 2014

사진 자료 출처

ⓒ 서윤영

43쪽, 76쪽, 105쪽, 125쪽, 172쪽, 186쪽, 204쪽, 234쪽, 258쪽

—

ⓒ shutterstock.com

63쪽, 67쪽, 144쪽, 197쪽, 241쪽, 243쪽, 255쪽

—

(cc)

37쪽(HARTLEPOOLMARINA2014), 86쪽(Ji-Elle),

96쪽(Philafrenzy), 132쪽(Tim Malone), 151쪽(Jack1956)

대중의 시대
보통의 건축

1판 1쇄 펴냄 2019년 7월 15일
1판 2쇄 펴냄 2020년 7월 30일

지은이 서윤영

주간 김현숙 | **편집** 변효현, 김주희
디자인 이현정, 전미혜
영업 백국현, 정강석 | **관리** 오유나

펴낸곳 궁리출판 | **펴낸이** 이갑수

등록 1999년 3월 29일 제300-2004-162호
주소 10881 경기도 파주시 회동길 325-12
전화 031-955-9818 | **팩스** 031-955-9848
홈페이지 www.kungree.com | **전자우편** kungree@kungree.com
페이스북 /kungreepress | **트위터** @kungreepress
인스타그램 /kungree_press

ISBN 978-89-5820-601-9 03900

책값은 뒤표지에 있습니다.
파본은 구입하신 서점에서 바꾸어 드립니다.